《中华人民共和国动物新品种权保护法》立法建议稿

侯仰坤 著

知识产权出版社
全国百佳图书出版单位

图书在版编目(CIP)数据

《中华人民共和国动物新品种权保护法》立法建议稿/侯仰坤著．—北京：知识产权出版社，2017.10

ISBN 978-7-5130-4951-1

Ⅰ.①中… Ⅱ.①侯… Ⅲ.①动物－品种－自然资源保护法－立法－研究－中国 Ⅳ.①D922.681.4

中国版本图书馆CIP数据核字(2017)第131115号

内容提要

本书是一部完整的《中华人民共和国动物新品种权保护法》的立法草案。主要内容有：①立法宗旨；②一般术语和规定；③品种权的申请条件；④品种权的审查和授权程序；⑤品种权的监督和救济程序；⑥品种权的内容、期限和归属；⑦品种权的使用、转让和限制；⑧品种权的无效异议、撤销、提前终止、变更和继受；⑨品种权的侵权行为及法律责任；⑩品种权的保护。

本书内容，除了个别条款参照了现有的相关法律规定以外，其他所有的内容，都是作者在自己十余年的社会调查研究、参与司法实践活动以及对国内外知识产权法律制度进行分析研究的基础上，创研出来的新内容——也是当今世界上有关这一领域中的最新内容。这些内容与我国现有的知识产权法律相比，在基本立法思想和具体法律规定上都存在很大的区别与不同。

责任编辑：安耀东　刘　睿　　　**责任出版：**孙婷婷

《中华人民共和国动物新品种权保护法》立法建议稿
ZHAONGHUA RENMIN GONGHEGUO DONGWU XINPINZHONGQUAN BAOHUFA》LIFA JIANYIGAO

侯仰坤　著

出版发行：	知识产权出版社 有限责任公司	网　　址：	http://www.ipph.cn
电　　话：	010-82004826		http://www.laichushu.com
社　　址：	北京市海淀区气象路50号院	邮　　编：	100081
责编电话：	010-82000860转8534	责编邮箱：	an569@qq.com
发行电话：	010-82000860转8101	发行传真：	010-82000893
印　　刷：	北京中献拓方科技发展有限公司	经　　销：	各大网上书店、新华书店及相关专业书店
开　　本：	720mm×1000mm　1/16	印　　张：	8.5
版　　次：	2017年10月第1版	印　　次：	2017年10月第1次印刷
字　　数：	95千字	定　　价：	42.00元
ISBN 978-7-5130-4951-1			

出版权专有　侵权必究

如有印装质量问题，本社负责调换。

自序

从2006年到2016年，经过十年的研究，本人终于研究出动物新品种权保护法的基本内容。在此基础上，结合我国的社会现状以及我国现行的相关法律规定，又专门研究和起草了《〈中华人民共和国动物新品种权保护法〉立法建议稿》，期盼在我国能够颁布实施动物新品种权保护法，以此造福我国人民，同时推动世界知识产权法律的进步与发展。本立法建议稿于2016年9月完成于美国斯坦福大学法学院。

动物新品种是人们利用科学的育种知识和技术手段培育出来的一类新的动物品种。它与植物新品种、工业领域中的发明创造和文学艺术领域中的作品一样，都是人类脑力劳动的结晶，因此，应当在法律上给予确认、规范和保护。

现在，在世界范围内，人们所食用的各类肉食品和水产品，绝大多数都已经来自人们养殖的各类动物。在这些养殖的动物中，主要的又都是各类动物新品种。因此，动物新品种已经与我们的生活密切相关。

与无生命的发明创造相比，动物与人类的关系更加密切，它们中的许多种类都能够与人类进行感情交流，甚至与人类建立起纯真和深厚的友谊。因此，对于动物新品种，我们不应当只从商品的角度进行考虑，还应当充分地认识它们自身具有的生命特性和感情特征。

本书旨在利用知识产权法律来保护动物新品种权，同时，在世界知识产权法律中，传播新的思想和新的理念！

作为一种探索，尚存不足之处，敬请专家和学者们帮助完善！

目录

第一篇 总 则 ·· 1
第一章 立法宗旨 ·· 1
第二章 一般术语和规定 ·· 3
第一节 动物品种的相关术语及规定 ······························· 3
第二节 授权及监督管理中的术语和规定 ·························· 7
第三节 育种者、农户和科学研究 ···································· 12
第三章 组织机构 ·· 15

第二篇 品种权的申请和授权 ·· 18
第四章 品种权的授权条件 ··· 18
第五章 申请的原则和规定 ··· 28
第六章 申请、审查和授权程序 ··· 32

第三篇 品种权的内容、期限和归属 ·· 38
第七章 品种权的内容 ··· 38
第一节 品种权的权利内容 ·· 38
第二节 品种权的义务内容 ·· 45
第八章 品种权的期限和归属 ·· 50
第九章 育种者和资源者的权利 ··· 52

第四篇 品种权的使用、转让和限制 ·· 55
第十章 品种权的使用和转让 ·· 55
第十一章 品种权使用的限制 ·· 60

第五篇　品种权的无效异议、撤销、提前终止、变更和继受 ………63

第十二章　品种权的无效异议和撤销 ………63
第一节　品种权的无效异议 ………63
第二节　品种权的撤销 ………64

第十三章　品种权的提前终止 ………67

第十四章　变更与继受 ………69
第一节　品种权申请人和品种权人的变更 ………69
第二节　法定权利的继受 ………71

第六篇　品种权的侵权行为及法律责任 ………73

第十五章　侵权类型、责任类型及责任原则 ………73
第一节　侵权行为及侵权责任的一般规定 ………73
第二节　具体的侵权责任类型及内容 ………77

第十六章　一般性侵权行为及其侵权责任 ………85
第一节　一般性侵权行为的范围 ………85
第二节　具体侵权行为及其特别法律责任 ………87

第十七章　特殊性侵权行为及其侵权责任 ………95

第十八章　对社会公共利益及第三方的危害及责任 ………102

第十九章　不视为侵权的行为 ………107

第七篇　品种权的保护 ………109

第二十章　品种权的司法保护 ………109
第一节　品种权侵权诉讼的一般原则 ………109
第二节　品种权争议案件的一般规定 ………114

第二十一章　行政保护和监督管理的相关规定 ………122
第一节　国家监督管理机关的监督管理和保护 ………122
第二节　其他政府部门的保护 ………125

第八篇　附　则 ………127

后　记 ………128

第一篇 总 则

第一章 立法宗旨

第一条 【立法目的】①更好地满足人们的生产生活需要，提高人们的生活品质，保障人们的生命健康安全，促进社会的可持续发展；②促使人类与有益的动物及整个生态系统建立和保持合理的关系；③促使人类培育出更多更好的动物新品种，造福于人类社会和生态系统。

第二条 【平等地保护相关利益】平等地保护下列各类主体和事项的正当利益：①育种者、法定权利人；②消费者；③合法的生产经营者；④社会伦理道德；⑤生物多样性；⑥国家遗传资源；⑦社会环境；⑧其他生物。

第三条 【尊重人类和有益动物生命的基本尊严】动物新品种是一类生命群体，其中许多种类都能够与人类进行情感交流，它们不是单纯的物质商品，因此，应当遵守下列基本准则：①不得无视生命的存在；

②应当承认和尊重生命自身应有的基本尊严,这是人类自身生命尊严的一部分;③尊重动物个体之间存在的血缘关系和相互情感;④遵守人类社会基本的伦理准则和道德标准。

第四条 【尊重动物生命的基本权利】承认和尊重对人类有益的动物应当享有下列6项基本的生命权利:①物种和种群不被侵害或者灭绝的权利;②正常生育、抚育和保护幼子的权利;③不被传染疾病,并且能够获得基本治疗和疾病预防的权利;④获得安全健康的生存环境的权利;⑤不被喂养有毒有害的食物,或者实施有害处理的权利;⑥不被以残忍或者增加痛苦的方式虐待,或者结束生命的权利。

第五条 【保护动物生命的权利义务】育种者是动物新品种生命的创造者,育种者、法定权利人应当以母亲的身份对自己培育出来的动物生命进行保护,使其免受规模性、普遍性、经常性的折磨、虐待或者侵害,这既是权利人的权利,也是权利人的法定职责和义务。

第六条 【品种权保护制度的历史使命】①建立起一种科学合理的动物育种和生产经营的理念及价值导向;②保存和揭示动物育种的发展历史及其内在的科学规律。

第二章　一般术语和规定

第一节　动物品种的相关术语及规定

第七条　【动物的范围】本法中是指除了植物和微生物之外的所有动物，包括陆生、水生和水陆两栖动物，分属于野生和饲养两种状态。

第八条　【生物多样性】本法中是指在整个生物圈内，存在的物种的多样性、遗传基因的多样性、生境的多样性、生物之间以及生物与人类之间相互关系的多样性、进化方式和进化状态的多样性、不同生物遗传变异的多样性。

第九条　【国家遗传资源】本法中是指下列内容：①被列为濒危野生动植物国际贸易公约，或者被列为我国重点保护野生动植物名录中的野生动植物；②虽然未被列入名录中，但是属于我国独有的动植物；③虽然未被列入名录中，但是自身具有一定的遗传资源价值、科学研究价值、其他社会利益价值的动植物；④属于当地养殖或者栽培的特有动植物品种或者主要品种；⑤属于珍稀的或者濒危的，或者我国独有的，对人类有益的微生物。

第十条　【社会公共利益】本法中是指对人类、其他生物、生物多样性、国家遗传资源、环境和社会伦理道德有益的各类利益的总称。

第十一条 【繁殖材料】本法中是指能够直接培育出动物个体的具有生命活性的材料，包括动物个体、受精卵、胚胎干细胞等。

第十二条 【遗传材料】本法中是指具有生物遗传特性，但是不能直接培育出动物个体的具有生命活性的材料，如基因、基因组、基因片段、精子、卵子等。

第十三条 【直接产品】本法中是指能够作为商品利用的下列事物：①直接来自动物身体的物品，如骨骼、肉、皮、毛、角、血液、组织、器官等；②利用直接来自动物身体的物品进行生产加工以后所获得的直接物品。

【第十三条补充】【直接产品的例外】本法中的下列事物不属于直接产品：①活的动物个体；②利用直接产品再进行生产加工以后所获得的其他产品。

第十四条 【动物个体】本法中是指属于申请品种或者授权品种的单个活的动物。

第十五条 【动物品种】本法中是指通过人工培育或者对野生动物进行人工改良后，同时具备下列8项特征的动物群体：①特异性；②一致性；③稳定性；④安全性；⑤专门名称；⑥一定规模的种群数量；⑦一定的优良性能；⑧合适的地域范围；⑨合法的育种资源。

第十六条 【动物新品种】本法中是指同时具备下列12项特征的动物品种：

①新颖性；②特异性；③一致性；④稳定性；⑤安全性；⑥预设名称或品种名称；⑦优良性能；⑧育种标准；⑨种群标准；⑩养殖标准；

⑪合适的地域范围；⑫合法的育种资源。

第十七条 【已知动物品种】本法中，合法地具有下列情形之一的动物品种属于已知动物品种：①在国内外已经公开销售；②在国内外已经获得了品种权；③描述该动物品种基本特征、亲本及育种方案的资料在国内外已经公开发表。

第十八条 【已有动物品种】本法中是指在申请日之前，已经客观存在的动物品种。

第十九条 【自然养殖条件】本法中是指能够使得动物个体按照自身的生活规律及生活习性得以正常地生存、生长和繁殖的条件。

第二十条 【性能特征】本法中包括下列事项：①抗性，包括抗病性和抗逆性；②繁殖能力；③生长速度；④存活率；⑤动物自身具有的产品品质；⑥饲料转化率；⑦不同动物品种可能具有的其他1至2项独特的性能特征。

第二十一条 【外貌特征】本法中包括下列型态特征和颜色特征：

（1）【型态特征】①体型；②头型；③耳型；④角型；⑤冠型；⑥毛型；⑦尾型；⑧茸型；⑨喙型；⑩蹄型；⑪身体其他部位的特殊型态。

（2）【颜色特征】①肤色；②毛色；③冠色；④眼球颜色；⑤喙色；⑥蛋壳颜色；⑦斑纹；⑧身体其他部位的特殊颜色。

第二十二条 【遗传特征】本法中把具有遗传性能的动物品种的性能特征和外貌特征统称为遗传特征。

第二十三条 【特别侵权行为】本法中是指下列2类行为：①由法定权利人、被许可人实施的品种权侵权行为；②侵权行为发生后，法定权利人、被许可人未实施维权的行为。

第二十四条 【特别侵权责任】本法中包括下列2类侵权责任：①法定权利人、被许可人因实施品种权侵权行为应当承担的侵权责任；②法定权利人、被许可人因未实施维权行为应当承担的侵权责任。

第二十五条 【特别法律责任】本法中是指对于一些侵权行为，本法中规定了专门的法律责任，在追究侵权人的法律责任时，应当首先追究全部的专门的法律责任，在此基础上，再追究其他侵权责任。

第二十六条 【申请品种】本法中是指用以申请品种权，并且已经被授权机关正式受理，但是还未获得品种权授权，或者还未被生效法律文书确认驳回的动物新品种。

【第二十六条补充1】【品种权申请人】本法中是指向授权机关申请品种权的人。

【第二十六条补充2】【申请品种保护权】自品种权的申请被正式受理之日起，到被授予品种权或者被驳回的法律文书生效之日止，属于临时保护期；本法中，基于临时保护期内的申请品种诞生申请品种保护权，保护实施申请品种所可能获得的全部收益，以及制止对申请品种的各类侵害行为，品种权申请人为该权利的权利人。

【第二十六条补充3】【两类品种权申请人】本法中，品种权申请人分为两类，一类是向授权机关提交品种权申请后，申请未被受理的申请人；另一类为申请被正式受理的申请人，在临时保护期内该类申请人为申请品种保护权人。

第二十七条 【品种权】本法中是指处于合法有效状态的动物新品

种权。

【第二十七条补充1】【法定权利人】本法中，法定权利人是指申请品种保护权人和品种权人。

【第二十七条补充2】【法定权利】本法中，法定权利是指申请品种保护权和品种权。

【第二十七条补充3】【特殊权利人】本法中，当国家监督管理机关代表国家继受法定权利后，成为特殊权利人。

第二十八条　【授权品种】本法中是指处于品种权保护下的动物新品种。

【第二十八条补充】【保护品种】本法中，保护品种是指申请品种和授权品种。

第二十九条　【补充】本法中是指对部分条款需要补充相关内容时附设的条款，"补充"后面的数字是指同一条款中该补充条款的序列号。

第二节　授权及监督管理中的术语和规定

第三十条　【受理程序的基本要求】本法中各类申请材料的提交和受理，都应当遵从下列要求：

（1）【应当受理的条件】当申请人提交的申请材料符合以下4项要求时，受理机关应当受理：①申请人具有明确的名称、地址和联系方式；②提交申请者符合申请人的资格要求；③在有效的期限内提交的申请；④提交的申请材料齐全，格式正确。

(2)【当日做出是否受理的决定】受理机关应当在收到申请材料的当日做出是否受理的决定。

(3)【决定受理的手续】①受理机关决定受理的,应当向申请人出具书面的受理通知书,以及基于受理行为能够直接产生的全部法律文书;②需要申请人后续提交相关材料或者需要办理相关事项的,应当通过书面文书的形式,一次性地详细列出和告知需要办理的全部事项的名称,以及对每一事项的格式要求和内容要求,使得申请人按照同一专业技术领域中的初级技术人员的一般性理解就能够一次性地提交出符合要求的全部材料,或者合格地完成被要求办理的全部事项;③应当为办理上述事项预留出合适的截止期限。

(4)【不予受理的手续】受理机关决定不予受理的,应当一次性地办理以下事项:①向申请人出具不予受理的告知书;②说明不予受理的理由;③可以进行补救的,说明可以补救的途径、方式和期限;④退还全部的申请材料。

第三十一条 【中文要求】本法中所有的材料都应当使用中文简体进行书写;原文不是中文的,应当准确地翻译成中文,并把由申请人签名盖章的原文的原件作为材料的附件一并提交。

第三十二条 【申请材料的修改和补正】需要对申请材料进行修改或者补正的,申请人可以提出申请,是否准许由审查人员决定;审查人员主动要求修改或者补正的,应当向申请人发出告知书,一次性地明确列出需要修改或者补正的全部内容和要求,给申请人预留的用于完成修改或者补正的期限自申请人收到审查人员发出的通知之日起不得少于

30日。

第三十三条 【邮寄时间的推定】本法中的邮寄是指通过国家正式邮政部门的邮寄。邮寄时间的计算和推定为：①邮戳显示的寄出日期为材料提交日；②签收送达回执的日期为材料收到日；③没有送达回执的，在中国境内邮寄的，寄出以后的第16日视为已经送达；寄往中国境外的，寄出以后的第31日视为已经送达。

第三十四条 【政府部门适用法律文书的名称】本法中有关品种权的工作，不同政府部门适用法律文书的名称分别如下：①授权机关和国家监督管理机关适用"决定书"；②复审机关适用"裁决书"；③行政执法机关认定是否构成品种权侵权行为时适用"认定书"；④行政执法机关做出行政处罚时适用"行政处罚决定书"；⑤行政复议机关做出行政复议决定时适用"行政复议决定书"。

第三十五条 【对政府部门行为不服的救济措施】本法中对政府部门做出的各类决定不服的，按照下列途径进行救济：

（1）【不服授权机关或国家监督管理机关决定书的救济途径】①当事人对决定书不服的，自收到决定书之日起3个月内可以向复审机关申请复审，也可以直接向人民法院起诉；人民法院已经受理的，复审机关不再受理；复审机关已经受理的，人民法院仍然可以受理，人民法院受理后，复审程序终止；②只申请复审，未向人民法院起诉的，复审机关自收到复审申请之日起3个月内做出裁决书；③当事人对裁决书不服的，自收到裁决书之日起6个月内可以向人民法院起诉。

（2）【不服认定书的救济途径】当事人对认定书不服的，自收到认定书之日起6个月内可以向人民法院起诉。

(3)【不服处罚决定书的救济途径】当事人对行政处罚决定书不服的，自收到行政处罚决定书之日起6个月内可以向人民法院起诉；如果相关法律中规定必须先申请行政复议的，按照相关法律规定办理。

第三十六条 【听证程序的基本要求】本法中举行听证的，应当遵从下列要求：

(1)【听证准备阶段的基本要求】①举行听证前，应当书面通知涉及争议事项的申请人、被申请人、利害关系人作为当事人参加听证，并把各方当事人提交的材料转交给其他相对方；②书面告知当事人举行听证的单位名称、时间、地点、联系方式、联系人，以及参加听证的权利义务；③书面告知当事人需要携带的全部证件、全部材料清单及其具体要求；④书面告知当事人提交材料的截止期限，这一期限自当事人收到举行听证通知之日起不得少于30日，并且不得包括当事人以正常的交通方式到达听证地点的合理交通时间；⑤书面告知当事人无故不参加听证的法律后果；⑥根据案件的需要，听证前可以单独举行证据材料的交换；⑦听证时应当保障当事人充分自由地表达自己的全部观点和理由。

(2)【无正当理由缺席听证的结果】除了遭遇不可抗力等原因以外，未经准许，申请人不参加听证的视为放弃听证申请，被申请人不参加听证的不影响听证的举行。

第三十七条 【应当举行听证的事项】下列情形应当举行听证：①存在争议双方的事项；②提出异议的事项。

第三十八条 【不同逾期的法律后果及救济措施】本法中的期限包

括法定的期限和指定的期限，不同的逾期情形产生不同的法律后果：

（1）【视为撤回品种权申请的情形】自授权机关受理品种权申请之日起，至做出授权决定之日止，这一期间申请品种保护权人发生逾期的，视为撤回品种权申请。

（2）【提前终止品种权的情形】自授权公告之日起，品种权人逾期未按照维护品种权有效性的规定履行法定职责的，导致品种权提前终止。

（3）【逾期的救济措施】自期限届满之日起，存在3个月的宽限期；在此期间内，视为撤回品种权申请的，申请品种保护权人可以向授权机关申请恢复权利；导致品种权提前终止的，品种权人可以向国家监督管理机关申请恢复权利；上述机关自收到申请恢复权利的书面请求书之日起30日内做出是否同意恢复的决定书。

第三十九条　【申请延长期限】本法中在各类期限届满前，有正当理由需要延长期限的，应当在期限届满前提交请求书，由受理机关做出是否同意延长的决定，该决定是生效决定。

【第三十九条补充】【不可抗力的例外】本法中遇到不可抗力情形时，无须当事人请求延长，不可抗力存续的全部期间都不计算在正常的期限内，当事人应当在不可抗力消除后1个月内提交书面说明材料，有效期限自不可抗力消除之日起第31日开始恢复计算。

第四十条　【期限届满的提醒义务】凡是期限在3个月以上的，负责办理该期限所约束事项的政府部门，应当在该期限届满前15日以前，以书面方式或者电子材料的方式通知和提醒当事人，告知所剩余的期限，以及需要办理的全部事项；未履行提醒义务的，逾期后，当事人在宽限期内申请恢复权利，或者请求获得其他合理补救措施的，应当给予恢复和支持。

第四十一条　【对品种权申请和品种权无效提出异议的限制】本法中对品种权申请异议和品种权无效异议规定如下：

（1）【一次性异议的原则】①对某一品种权申请的异议已经正式受理的，无论该异议申请的结果如何，都不得再受理有关该品种权申请的其他异议；②对某一品种权的无效异议已经正式受理的，无论该异议申请的结果如何，都不得再受理有关该品种权的其他无效异议；③对某一品种权的申请提出过异议并被正式受理的，该申请获得授权后，不得再对该品种权提出无效异议。

（2）【对关联品种异议的限制原则】对某一品种的品种权申请提出过异议，或者对该品种的品种权提出过无效异议，如果其中的一项异议被驳回，自驳回生效之日起不得再对该品种的关联品种提出品种权申请异议或品种权无效异议。

【第四十一条补充】【某一品种的关联品种】本法中是指由同一育种者培育的，或者由同一法定权利人所有的其他品种。

第三节　育种者、农户和科学研究

第四十二条　【育种者】本法中是指实际实施和完成动物新品种培育工作的技术人员，属于自然人，不包括单位。

【第四十二条补充1】【育种单位】属于职务育种行为的，育种者所在的单位为育种单位。

【第四十二条补充2】【非育种者】下列人员不属于育种者：①在育种工作中只负责组织领导或者管理工作的领导者或者组织者；②只为育种工作提供了资金、资料、场地、工作或生活条件，或者其他帮助的；③对育种工作只提供了体力劳动的体力劳动者。

第四十三条　【职务育种】存在下列情形之一的，属于职务育种行为：①在本职工作中完成的育种；②履行本单位交付的本职工作之外的其他任务完成的育种；③主要利用本单位的物质和技术条件完成的育种，这类条件包括本单位的资金、仪器设备、试验场地，以及单位拥有的尚未允许公开的亲本、其他育种材料或技术资料；④退职、离岗、离职、退休或者调动工作以后，在3年内完成的育种中利用了原单位的技术成果或者物质和技术条件。

第四十四条　【科学研究】本法中的科学研究是指完全以学术研究为目的，利用保护品种实施的各类非商业性的科学研究工作。

【第四十四条补充】【非科学研究】为了商业目的实施的下列行为不属于本法中的科学研究：①利用保护品种培育其他动物品种的行为；②以侵害保护品种为目的，实施的研究行为；③利用保护品种进行的其他研究行为。

第四十五条　【禁止擅自利用保护品种培育其他品种】无论是否为了商业目的，利用保护品种培育其他品种的，都应当事先获得法定权利人的授权许可，否则，属于品种权侵权行为。

第四十六条 【农户】本法中的农户是指为了自己家庭的生产和生活需要，购买、培育、繁殖、饲养、加工、销售、出口保护品种的动物个体或直接产品者。

【第四十六条补充】【农户的范围】本法中的农户是指由具有一定血缘关系的成员，或者由法律拟定的家庭成员所构成的一种自然家庭的范围，他们以家庭为单位从事动物及其产品的生产经营活动，不包括注册成立公司来开展这种生产经营活动。

第三章 组织机构

第四十七条 【三类国家级的专门机构】国家在相关政府主管部门设立3个专门性机构,分别负责全国的品种权受理、审查和授权,以及复审和监督管理工作,3个专门性的机构之间不存在行政隶属关系。

(1)【授权机关】国家设立动物新品种权专门机构,统一负责全国动物新品种权的受理、审查和授权工作,统一办理法定权利的相关公告事宜。

(2)【复审机关】国家设立动物新品种权复审委员会,统一负责不服授权机关和国家监督管理机关所作决定的复审工作。

(3)【国家监督管理机关】国家设立动物新品种权保护和监督管理机构,统一负责对法定权利的监督、管理和保护工作,具体负责下列事项:①受理和审查品种权人提交的年度报告;②对法定权利的许可使用合同进行登记、备案、发放备案证书;③对法定权利的转让合同进行审查和批准,发放批准证书,办理登记和备案手续,并请求授权机关进行转让公告;④做出撤销品种权的决定,出具撤销品种权的决定书,办理登记和备案手续,并请求授权机关进行撤销公告;⑤受理品种权侵权行为的举报,通知权利人及当地政府主管部门实施维权,为法定权利人及受害第三方的维权活动提供帮助,并组织协调全国范围内的品种权维权工作;⑥受理强制许可申请及强制许可提前终止申请,做出是否批准的决定书，提供强制许可使用费的基本参考价格，办理登记手续，并请求授权机关进行强制许可公告；⑦做出品种权提前终止的决定，办理提前终止的登记，并请求授权机关进行提前终止公告；⑧做出国家继受和其他人继受的决定，办理继受登记，并请求授权机关进行继受公告；⑨受理品种权无效异议的申请，经过审查做出是否批准无效异议的决定，办理登记手续，并请求授权机关进行公告；⑩为社会提供有关品种权的信息服务；⑪确认和发放对品种权获得者的国家奖励。

【第四十七条补充】各省、自治区、直辖市人民政府的相关主管部门，以及所属各级地方人民政府的相关主管部门，分别负责所辖区域内法定权利的监督管理和保护工作；国家监督管理机关可以授权县级及以上人民政府主管部门办理许可使用合同的登记备案以及转让合同的批准工作，发放全国统一的证书、批文和编号；也可以授权县级及以上人民政府主管部门作为原告代表国家提起品种权侵权诉讼，或者参加他人已经提起的品种权侵权诉讼工作。

第四十八条 【政府部门工作人员的行为限制】依据工作职责参加与品种权相关的受理、审查、授权、复审、监督管理、撤销、提前终止、无效异议、行政执法等工作的单位和个人，不得实施下列行为：①借助品种权工作牟取利益；②参与或者实施与品种权相关的商业性活动；③实施侵害法定权利人利益的行为；④在职期间，或者离职、退休3年内，以自己的名义，或者以共有者的名义，或者作为实际控制人而假借他人的名义，申请或者拥有品种权；⑤对离职和退休者，国家应当按照竞业禁止的规定给予3年的补偿，被开除者除外。

第四十九条 【政府部门工作人员的责任】参与品种权工作的政府部门的工作人员,因犯有玩忽职守、滥用职权、徇私舞弊、受贿索贿,而被依法追究刑事责任的,或者违反本法规定的限制行为的,10年内不得参与品种权的相关工作。

第二篇　品种权的申请和授权

第四章　品种权的授权条件

第五十条　【品种权的授权条件】本法中授予品种权的条件包括下列2类：①申请品种符合动物新品种的12项条件；②对授权程序的履行符合本法的规定和要求。

第五十一条　【新颖性】本法中，在品种权申请日以前，能够同时满足下列4项条件的动物品种具备新颖性：①在获得育种者或者品种权申请人许可的情况下，该动物品种的繁殖材料在国内销售未超过1年，在国外销售未超过4年；②相同的动物品种在国内外未被授予过品种权；③在国内外品种权授权机关已经受理和正在审查的申请品种中，没有相同的品种；④描述该动物品种基本特征、亲本及育种方案的资料在国内外未被公开发表过。

【第五十一条补充1】【非法行为不破坏新颖性】下列行为不影响动

物品种的新颖性：①在国内外非法地销售该动物品种的繁殖材料；②非法地利用该品种申请品种权；③非法地公开该品种的繁殖材料、亲本及育种方案。

【第五十一条补充2】【在公开申请前撤回申请的不影响新颖性】授权机关正式受理品种权申请后，在公开申请前，申请人撤回申请的，不影响该申请品种的新颖性。

第五十二条 【特异性】本法中是指在动物品种的遗传特征中，至少有1项具有经济价值，或者社会价值，或者动物分类价值的特征明显区别于申请日以前的已知动物品种。

第五十三条 【一致性】本法中是指同一世代的动物个体之间，除了受遗传变异、人工饲养、技术处理、饲养环境等原因所导致的极少数动物个体的遗传特征发生明显的变异以外，其他绝大多数动物个体的遗传特征能够保持基本一致的现象。

第五十四条 【稳定性】本法中是指进行多代繁殖时，不同世代的动物个体之间，除了受遗传变异、人工饲养、技术处理、饲养环境等原因所导致的极少数动物个体的遗传特征发生明显的变异以外，其他绝大多数动物个体的遗传特征能够保持基本一致的现象。

第五十五条 【安全性】本法中是指在动物品种携带的遗传基因中，不包含在正常情况下能够表达出对人类、其他生物、其他社会公共利益存在直接的、间接的、潜在的危害性的遗传因子。

第五十六条 【品种名称】本法中是指由授权机关颁布的专门用于某一授权品种的法定名称。

【第五十六条补充】【品种名称与授权品种的对应关系】①在世界范围内，不得存在2个相同的品种名称；②一个品种名称与一个授权品种一一对应，不得更改；③每一个授权品种都必须具有自己专门的品种名称，否则，该授权品种无效；④在世界范围内，品种名称是该授权品种唯一合法的通用名称。

第五十七条 【品种名称的获得】①品种名称统一由授权机关颁布；②已经在国外获得过品种权又在我国提交品种权申请的，在国外已经获得的品种名称继续有效，在我国提交申请时应当按照本法中对品种名称格式的要求，把原品种名称的内容翻译成中文，并把原品种名称作为申请材料的附件一并提交；③只有获得品种权授权以后，该授权品种才能获得对应的品种名称；④在获得品种权授权以前，申请品种只能使用预设名称。

第五十八条 【品种名称的构成】本法中品种名称的构成如下：①品种名称由核心名称和辅助名称两部分组成；②在排列方式上，核心名称在前，辅助名称在后；③辅助名称位于括号内，与核心名称之间用圆点隔开；④品种名称的通用格式为：核心名称·（辅助名称）。

【第五十八条补充1】【核心名称】本法中核心名称由下列4部分的内容组成：①第一育种人的姓名全称；②我国的国际字母代码"CN"；③品种权授权公告所在的公元年数，以4位阿拉伯数字进行表示；④授权品种在动物分类中所对应的中文"种"名。

【第五十八条补充2】【核心名称的示例】如果第一育种人侯宪君培育出了一种马的新品种，并且于2016年在我国获得了品种权授权，这一品种名称的核心名称为：侯宪君CN2016马。

【第五十八条补充3】【辅助名称】辅助名称由下列3部分的内容组成：①我国的中文国家名称，使用简称"中国"；②以动物分类中的"种"为划分等级，该品种权在我国的同一"种"内获得品种权的时间序列号，以"第几号"表示；③该授权品种对应的动物分类中的中文"种"名。

【第五十八条补充4】【辅助名称的示例】如果有关"马"的动物新品种在我国已经获得了11项品种权，在第12项品种权中，辅助名称为：（中国第12号马）。

【第五十八条补充5】【品种名称全称的示例】在上例中，该品种名称的全称为：侯宪君CN2016马·（中国第12号马）。

【第五十八条补充6】【多位育种人的品种名称构成】育种人为多人时，只写第一育种人的全名，然后加上"等"字；全部育种人的名字在品种权申请资料中应当全部列出，并且应当列出全名。

【第五十八条补充7】【不同物种作为亲本的品种名称构成】如果动物新品种的亲本分属于不同的动物种类，则把品种名称中的"种名"改为由两个"种名"并列的"双种名"，其中，父本种名在前，母本种名在后，如"狮虎"，其他构成规则不变。

【第五十八条补充8】【多代多种的品种名称构成】在特殊情况下，如果需要在品种名称中体现祖父母本，或者曾祖父母本的，保持其他结构规则不变，只须把"种名"按照以下顺序和方式进行扩增：（父母本）·（祖父母本）·（曾祖父母本）。

第五十九条 【品种名称的效力】本法中品种名称自品种权授权公告之日起生效。自生效之日起产生下列6项法律效力：

(1)【品种名称代表授权品种】在世界范围内，某一品种名称直接代表某一授权品种。

(2)【品种名称长期有效】品种名称的法律效力不受下列因素的影响：①品种权的保护期限届满；②品种权被提前终止、撤销、宣告无效；③品种权人发生变更；④授权品种不再被实施；⑤授权品种灭失。

(3)【品种名称不许被撤销或废止】品种名称自生效之日起不得被撤销或者废止。

(4)【品种名称的更正】如果由于笔误等原因导致品种名称出现字词或者书写上的错误，由授权机关核实后进行更正，并进行更正登记和公告，自公告之日起生效。

(5)【品种名称的变更】由于非法行为导致品种名称错误的，依法进行变更，纠正存在的错误。

(6)【品种名称不受品种权人变更的影响】品种权人变更的，品种名称不得变更。

第六十条 【品种名称的专一性】本法中，品种名称只能作为一种授权品种的名称使用，不得用于下列事项：①注册商标，未注册商标；②外观设计专利；③作品名称；④包装或装潢；⑤域名；⑥其他商品名称；⑦其他活动的名称、标志、标记、图案、符号；⑧企业名称或字号；⑨其他事项。

第六十一条 【优良性能】本法中是指动物品种的遗传特征在总体

上优于已知的动物品种，在每一单项指标上不低于已知动物品种的一般标准。

第六十二条 【育种标准】本法中动物品种的育种标准包含下列5项内容：①同一种群中的动物个体，血统来源应当基本相同；②应当具有科学合理的育种方案，内容包括育种方法、亲本组合、亲本血缘关系、亲本基本特征的描述、记录育种过程的彩色照片或者影像资料；③应当至少经过4个世代以上的连续选育，每一世代的选育过程都应当具有真实完整的记录资料、被选育对象的基本特征描述、对应的彩色照片或影像资料；④对核心种群，应当具有真实完整的系谱记录、对应的彩色照片或影像资料；⑤对水生类动物种群，应当经过连续2年以上的生产性养殖对比试验，累计混养的试验面积应当在5000亩以上，单养的试验面积应当在500亩以上，并且应当具有真实完整的试验数据、试验结果记录、对应的彩色照片或影像资料。

第六十三条 【种群标准】本法中的种群标准是指畜类、禽类和水生类动物品种的种群数量应当具有一定的规模，能够保障动物品种的遗传特征稳定的遗传、表达和被测试，并且能够保障动物品种正常地繁殖、生存和延续。

第六十四条 【养殖标准】本法中的养殖标准是指在保障动物品种能够保持和遗传自身遗传特征的前提下，能够得以健康地生存、生长和繁殖，并且对人类、其他生物、其他社会公共利益不产生直接的、间接的、潜在的危害时所应当具有的基本要求，具体涉及下列5个方面的事项：

(1)【饲料和喂养方式的要求】对饲料和喂养方式，本法中要求在下列7个方面应当达到科学合理的状态，同时相关的证据材料应当符合本法的要求；对于饲料，应当保存真实完整的饲料样本、购买合同及票据、产品生产销售者的名称和地址、产品说明书、照片、影像资料、文字记录、其他证据；对于喂养方式，应当保存真实完整的文字记录、饲养方案、照片、影像资料、其他证据。7个方面的事项为：①基本饲料的种类；②对于混合饲料，不同饲料的搭配比列；③基本饲料的形态；④喂料的方式、时间、次数，每次喂料的数量；⑤优先的饲料和喂养方式；⑥应当避免的饲料和喂养方式；⑦应当注意的其他事项。

(2)【养殖场所和养殖方式的要求】对于养殖场所和养殖方式，本法中要求在下列5个方面应当达到科学合理的状态，并且应当保存真实完整的科学依据材料、文字记录、照片、影像资料、其他证据。5个方面的事项为：①确定适合散养或者圈养，单独养殖或者群体养殖；②散养或者圈养的最低密度，每个动物个体最低的平均活动面积或者空间体积；③养殖场所对地势、光照、通风、雨水、空气、噪声、湿度、温度、周围环境、卫生条件的要求；④最高温度和最低温度的极限值，最高湿度和最低湿度的极限值，有效光照的合理范围；⑤应当注意的其他事项。

(3)【管理措施的要求】本法中的管理措施应当在下列5个方面达到科学合理的状态，并且应当保存真实完整的科学依据材料、实际实施的管理制度材料、文字记录、照片、影像资料、其他证据。5个方面的事项为：①饲养管理的基本事项、基本环节、具体内容和基本要求；②无害化处理病亡动物个体的步骤和要求；③以合理的方式处死动物个体的步骤和要求；④以不污染环境的方式处理养殖场垃圾的步骤和要求；⑤应当注意的其他事项。

（4）【禁止事项】本法中的禁止事项包括下列3项内容，基于具体的动物品种应当明确列出每一项中的具体内容：①应当禁止使用的饲料、饲料配方、添加剂、药品、化学品等物质；②应当禁止采用的饲养条件、饲养方式和管理方式；③应当注意和禁止的其他事项。

（5）【疾病预防的要求】本法中的疾病预防要求包括下列6项内容，基于具体的动物品种应当明确列出每一项中的具体内容：①发病的疾病种类，包括常见性疾病的种类和危险性疾病的种类；②发病的前期征兆，发病时的症状及典型症状；③发病的主要原因和应当注意的事项；④预防、控制和治疗的主要措施，包括观察、检测和治疗的重要时间、基本方式和技巧，应当常备的基本药品和设备，以及注意事项；⑤应当掌握的基本兽医知识和技术；⑥应当注意的其他事项。

【第六十四条补充】【饲料和喂养方式的技术要求】在自然养殖条件下，具有一般养殖技术或者经验的人员，按照确定的饲料和喂养方式对保护品种进行养殖时，应当能够获得具有保护品种全部遗传特征的动物个体和种群。

第六十五条 【合适的地域范围】本法中是指动物品种应当具有一定的地理范围，在该范围以内和自然养殖条件下，动物品种能够正常地生存、生长和繁殖，并且能够正常地保持、遗传和表达出全部的遗传特征。

第六十六条　【合法的育种资源】本法中是指培育动物品种所使用的全部遗传材料都应当具有明确的来源，并且已经获得了权利人的明确书面同意，履行了合法的手续，获取的方式和途径符合科学要求。

【第六十六条补充】【提供来源地的要求】提供来源地信息时应当包括下列5种事项：①来源地所在国的名称；②来源地的详细联系地址；③获取材料时在来源地联系的具体经办人或经办单位，他们的姓名（名称）、地址、联系方式；④双方基于获取材料签订的合同；⑤遗传材料提供者有权提供材料的资格或授权证明。

第六十七条　【不能授予品种权的情形】本法中下列动物品种不能授予品种权：

（1）【违背伦理道德的品种】本法中是指直接或者间接地利用人类的遗传基因培育出的动物品种；以治疗人类或者其他生物的疾病为目的而培育出的动物品种除外。

（2）【不能自然生存的品种】本法中是指在自然养殖条件下的下列2类动物品种：①动物个体不能正常地生存、生长、繁殖的品种；②遗传特征不能正常地保持、遗传、表达的品种。

（3）【具有不良特征的品种】本法中是指具有下列3种情形之一的动物品种：①携带的遗传基因存在缺陷，或者与遗传性疾病、生理性疾病相关联，或者与需要用人工技术控制和维持的特征相关联；②形态丑陋怪异，又无特殊的社会价值；③在遗传特征上，表达出退化、不良变异、病变或者畸形等不良的特征。

（4）【危害社会公共利益的品种】在自然养殖条件下，对人类、其他生物、其他社会公共利益产生直接的、间接的、潜在的危害的动物品种。

第五章　申请的原则和规定

第六十八条　【申请的步骤和程序】本法中的品种权申请，应当依次完成下列6项工作：①提交申请和受理；②保存繁殖材料；③初步审查；④公开申请；⑤实质审查；⑥授权、登记和公告。

【第六十八条补充】在公开申请阶段，他人提出申请异议的，启动申请异议程序。

第六十九条　【申请阶段的具体期限】本法中每个申请阶段都有具体的期限。

(1)【受理当日做出决定】授权机关应当在收到品种权申请材料的当日做出是否受理的决定。

(2)【保存繁殖材料的期限】申请人自收到授权机关要求保存申请品种繁殖材料的通知之日起，应当在3个月内办理完毕保存事项。

(3)【初步审查的期限】自申请人提交繁殖材料的保存证明之日起，授权机关应当在3个月内完成初步审查。

(4)【公开申请的期限】授权机关自完成初步审查之日起30日内应当进行申请的公开，公开期限自公开之日起3个月届满。

(5)【公开申请中异议的期限】公开期间他人提出异议申请的，授权机关应当自受理异议申请之日起3个月内做出是否同意异议的决定；生效法律文书认定异议申请不成立的，公开申请的期限自原有的起始时间连续计算。

（6）【实质审查的期限】自公开申请届满之日起30日内自动进入实质审查，不需要进行试验（实验）测试的，应当在6个月内完成；需要进行试验（实验）测试的，应当在24个月内完成。

（7）【办理授权、登记和公告的期限】自实质审查结束之日起30日内，授权机关应当做出是否授予品种权的决定，并通知申请人；决定授予品种权的，应当通知申请人办理登记手续，缴纳申请费；申请人自收到授权通知之日起30日内应当办理相关手续，自办理完毕登记和缴纳申请费手续的30日内，授权机关应当颁发品种权证书，并进行授权公告。

【第六十九条补充】【申请期限的延长】遇有特殊情形，申请人可以申请延长期限，是否同意延长由授权机关决定，授权机关的决定是生效决定；授权机关也可以主动决定延长期限，并且告知申请人；授权机关在每个申请阶段主动延长期限的次数不得超过2次；无论申请人申请延长，还是授权机关主动决定延长，每次延长的期限不得超过2个月。

第七十条 【不同国籍申请人的申请途径】①我国公民或者单位作为申请人在国内提交申请时，可以自行办理，也可以委托品种权代理机构办理；申请国外品种权的，可以直接到该外国申请，也可以在我国提交申请，由我国受理机构按照国际公约或者双边协定向该外国递交申请；②在我国没有经常住所或者营业场所的外国申请人，包括外国公民和外国单位，在我国提交申请时，应当委托我国品种权代理机构办理，我国遵照相关的国际公约及对等原则进行办理。

第七十一条 【一品种一授权的原则】本法中一种动物新品种，只能授予一项品种权。

第七十二条 【先申请原则】基于相同的品种提交的品种权申请，品种权授予最先被正式受理的申请人；申请日期以"日"为单位，同一日提交的申请属于同时申请。

第七十三条 【同时申请的品种权归属】①基于相同的品种，两个以上的不同申请人在同一日分别提交申请时，品种权授予最先完成育种的申请人；②同时申请的所有申请人应当在1个月内提交证据，证明自己实际完成该育种的准确时间；③在1个月内未提交证据，或者所提交的证据都无法确凿地证明实际完成该育种的最早时间时，所有申请人视为共同申请人，共同获得该品种权，成为该品种权的共有人，对该品种权享有等同份额。

第七十四条 【优先权原则】本法中申请人自在外国第一次提出品种权申请之日起的12个月内，又在我国就相同的品种提交品种权申请时，可以享有优先权，在国外的第一次申请日作为在我国的申请日。

【第七十四条补充】【提交优先权的证据】申请人要求优先权的，应当在中国第一次提交品种权申请时同时递交要求优先权的书面申请材料，并且在3个月内提交在国外第一次提出申请并被正式受理的申请文件的副本；在中国第一次提交申请时未提出要求优先权的书面申请，或者逾期未提交在国外被正式受理的书面材料的，视为未要求优先权。

第七十五条 【新颖性的宽限期】申请品种在申请日以前12个月内有下列情形之一的，不丧失新颖性：①申请品种的繁殖材料在中国省级以上人民政府主办或者承认的国际展览会上首次展出的；②描述申请品种的遗传特征、育种方法和亲本特征的内容在中国省级以上人民政府主办的学术会议上首次公开的。

第七十六条 【申请材料的修改、撤回和保密审查】在申请过程中，申请人和授权机关有权实施下列行为：

（1）【修改申请材料】申请人可以主动地，或者按照审查人员指定的要求对其申请材料进行修改，但是，修改的内容不得超出所提交和保存的申请品种实际具有的全部遗传特征的范围。

（2）【撤回品种权的申请】在授权机关做出授权决定之前，申请人可以撤回品种权申请；撤回申请需要经过授权机关的登记和公告，自公告之日起生效。

（3）【申请材料的保密审查】授权机关对申请材料应当进行保密审查，涉及国家安全或者公共利益时，应当进行保密处理。

第六章 申请、审查和授权程序

第七十七条 【提交申请材料】申请品种权，应当一次性提交下列3类材料：①程序性材料；②实体性材料；③辅助性材料。

（1）【程序性材料】包括下列2类材料：①申请人的身份证明、住址和联系方式；②委托他人办理的，提交委托手续和受委托人的身份证明。

（2）【实体性材料】包括下列4类材料：①请求书；②说明书；③能够体现申请品种全貌，以及全部特异性特征的文字说明、彩色照片或影像资料；④能够证明符合12项授权条件的材料。

（3）【辅助性材料】包括下列2类材料：①优先权材料，在提交品种权申请的当日提交优先权请求书；②新颖性宽限期材料，在提交品种权申请的当日提交请求书及相关证据材料。

【第七十七条补充1】【预设名称的构成】本法中的预设名称由以下部分构成：第一育种者的全名，加上申请时以4位阿拉伯数字表示的公元年代数，再加上申请品种的中文"种"名；育种者为多人时，在第一育种者的全名后面加一个"等"字。

【第七十七条补充2】【预设名称的示例】参照品种名称中的例子，预设名称的示例如下：①育种者为1人时，预设名称为：侯宪君2017马；②育种者为多人时，预设名称为：侯宪君等2017马。

第七十八条　【受理申请】授权机关决定受理的，应当于受理当日完成下列工作：①向申请人发出受理通知书；②确认申请日和申请号；③通知申请人到指定的单位办理申请品种繁殖材料的保存事项。

第七十九条　【保存繁殖材料】申请人应当按照受理机关指定的数量、方式、期限和保存单位办理保存手续，保存材料应当符合下列要求：①检疫合格；②不携带任何疾病；③具有活性；④能够繁育出申请品种，并且能够正常地保持和表达出申请品种的全部遗传特征。

【第七十九条补充1】【保存证明的提交】申请人完成保存工作后，应当在30日内把保存证明提交给授权机关。

【第七十九条补充2】【被保存繁殖材料的效力和要求】①被保存的繁殖材料是授权品种唯一合法有效的模本，也是验证授权品种与其他动物品种是否异同的唯一法律依据；②被保存的繁殖材料是否有效存在，是品种权能否有效存在的前提；③未经授权机关批准，任何人不得索取、借用、控制、占有、使用、更换、调换、侵害、废弃已经保存的繁殖材料。

【第七十九条补充3】【繁殖材料保存者的责任】发生下列情形之一的，属于侵犯法定权利的行为，繁殖材料保存者承担侵权责任：①违反上述保存繁殖材料要求的；②非繁殖材料自身的原因，导致繁殖材料受到感染，或者发生病变、变异、变质，或者失去生命活性，或者导致动物个体死亡；③擅自对外提供繁殖材料的；④出具虚假的繁殖材料的资料或证明；⑤为上述目的实施的相关行为。

第八十条　【初步审查】本法中，初步审查阶段具体审查下列7项内容：①申请人的资格和手续材料；②申请材料是否齐全，格式是否正确；③是否含有不能授予品种权的内容；④预设品种名称是否符合要求；⑤合适的地域范围材料的真实性及合理性；⑥合法的育种资源材料的真实性及合理性；⑦要求优先权和新颖性宽限期的材料。

【第八十条补充】【初步审查结果的处理】①经过初步审查，认为需要补正或者修改的，发送补正修改告知书，一次性列明需要补正修改的全部事项和要求，指明完成的期限；②经过初步审查，认为不符合授权条件，或者经过补正修改后仍然不符合授权条件的，做出驳回申请的决定；③审查合格的，自动进入公开申请程序。

第八十一条 【公开申请】公开申请期间，认为品种权申请不符合授权条件的，任何人都有权利向授权机关提交异议申请书和证据材料，提出异议。

【第八十一条补充】【异议申请的处理】①授权机关决定受理异议申请的，按照受理程序向异议申请人和被申请人送达受理通知书、听证通知书及相关异议材料；②经过听证程序，做出驳回品种权申请，或者驳回异议申请的决定；③驳回异议申请的法律文书生效后，自公开申请的期限届满之日起30日内自动转入实质审查。

第八十二条 【实质审查】在实质审查阶段具体审查下列9项内容：①新颖性；②特异性；③一致性；④稳定性；⑤安全性；⑥优良性能；⑦育种标准；⑧种群标准；⑨养殖标准。

【第八十二条补充1】【实质审查的方式】实质审查可以进行书面审查，也可以进行实地调查和试验（实验）。

【第八十二条补充2】【对已有认定结果的处理】①对于已经由国家级动物品种审查认定机构认定的动物品种，可以认可其对特异性、一致性、稳定性、优良性能的认定结论，认为必要时也可以重新审查和认定；②对于已经在国外获得品种权的授权品种，根据该国审查认定的技术水平和认定效果，同时考虑国际关系中的对等原则，可以全部承认或者部分承认其对授权品种相关事项的认定结论，认为必要时也可以重新审查和认定。

【第八十二条补充3】【实质审查结果的处理】①实质审查后，认为符合授权条件的，做出同意授权的决定，自动转入授权程序；②认为不符合授权条件的，做出驳回品种权申请的决定，送达申请人。

第八十三条　【授权、登记和公告】本阶段应当依次完成下列工作：①确定授权品种的法定名称；②做出授权决定书；③通知申请人在规定的期限内办理登记手续、缴纳申请费；④颁发品种权证书；⑤进行授权公告。

【第八十三条补充】【办理授权的期限】自申请人办理完毕登记手续并足额缴纳申请费之日起30日内，授权机关应当向申请人颁发品种权证书，并进行授权公告。

第八十四条　【品种权申请费的缴纳和减免】①自品种权的申请被受理之日起，到收到品种权的授权通知期间，品种权申请人无须缴纳任何费用；②收到缴纳申请费的通知后，申请人应当按照要求一次性地足额缴纳申请费。

【第八十四条补充1】【申请费的减免】缴纳申请费存在困难的，应当在缴纳申请费的期限届满前向授权机关提出减免或者缓缴的申请，授权机关自收到申请之日起30日内做出决定，送达申请人，该决定是生效法律文书。

【第八十四条补充2】【国家自行授权公告】品种权申请人未在规定的期限内足额缴纳申请费，又未获得减免或者缓缴批准的，自规定缴费的期限届满之日起3个月内，授权机关应当向申请人颁发品种权证书，并进行授权公告；在足额缴纳申请费之前，该品种权不得转让。

第八十五条　【年费的缴纳】本法中自授权公告第2年的1月1日起，6年期间内免收年费。从第7年的1月1日起开始计收年费，品种权人应当在当年的12月31日之前一次性地足额缴纳当年的年费；未足额缴纳申请费的，在第一次缴纳年费时应当首先足额缴纳申请费，并承担逾期缴纳期间同期银行的存款利息，仍然未缴纳申请费的，视为未缴纳年费。

第八十六条　【品种权的奖励】本法中对品种权实施以下奖励措施，具体奖励事宜由国家监督管理机关负责办理：

（1）【减半收取年费的奖励】同一品种权申请人在我国已经获得了1项品种权，从第2项品种权授权之日起，2项品种权的年费都减半收取，第2项品种权的申请费免除。

（2）【全部免除申请费和年费的奖励】同一品种权申请人在我国已经获得了2项品种权，从第3项品种权授权之日起，申请费和年费全部免除，已有的2项品种权从此日起免除全部年费。

（3）【30万元至50万元的奖励】同一品种权申请人在我国获得第4

项品种权的，从获得授权之日起，30日内国家给予奖励，奖励范围从第1项到第4项品种权中仍然有效的品种权，具体奖励标准如下：①禽类和一般性水生类动物品种，每一项品种权奖励30万元；②畜类动物品种，每一项品种权奖励40万元；③珍稀动物品种和大型水生动物品种，每一项品种权奖励50万元。第5项品种权享有同样的奖励标准。

（4）【60万元到100万元的奖励】同一品种权申请人在我国获得6项及以上品种权的，从第6项品种权获得授权之日起，30日内国家给予奖励，具体奖励标准如下：①禽类和一般性水生类动物品种，每一项品种权奖励60万元；②畜类动物品种，每一项品种权奖励80万元；③珍稀动物品种和大型水生动物品种，每一项品种权奖励100万元。在此基础上，以后每获得一项新的品种权，自授权之日起的30日内获得该项奖励。

【第八十六条补充1】【获奖者的范围】本法中，获奖的品种权人必须是受到奖励的授权品种的实际育种者或者育种单位，通过品种申请权或者品种权转让、继受获得的品种权不得享有该奖励，合法获奖者的继承人可以继承该奖励。

【第八十六条补充2】【对造假者的惩罚】本法中，为了获得品种权的奖励，提交虚假材料的，属于品种权特别侵权行为，承担特别侵权责任，同时撤销已经享有的全部品种权奖励，并且终生不得再申请和获得品种权奖励。

【第八十六条补充3】【奖金全部免税】本法中规定的上述品种权奖励全部免除缴纳税款的义务。

第三篇 品种权的内容、期限和归属

第七章 品种权的内容

第八十七条 【品种权的内容】本法中的品种权包含权利内容和义务内容。

（1）【权利内容】是指品种权人应当享有的精神性权利和财产性权利。

（2）【义务内容】是指品种权人对授权品种、生产经营者、消费者、社会公共利益应当承担的基本义务。

第一节 品种权的权利内容

第八十八条 【品种权的具体权利】本法中，每一项品种权都包含下列8项具体权利：①品种名称权；②品种修改权；③保护品种完整权；④保护品种正当生存权；⑤品种探视权；⑥品种使用权；⑦选育其他品种权；⑧育种方法权。

【第八十八条补充1】【5项精神性权利】在品种权中，下列5项权利属于精神性权利，受到长期保护，不受品种权保护期限的限制：①品种名称权；②品种修改权；③保护品种完整权；④保护品种正当生存权；⑤品种探视权。

【第八十八条补充2】【3项财产性权利】在品种权中，下列3项权利属于财产性权利，只在品种权的有效保护期内受到保护：①品种使用权；②选育其他品种权；③育种方法权。

第八十九条　【申请品种保护权的内容】本法中，申请品种保护权的内容包含权利内容和义务内容，具体内容参照品种权的权利内容和义务内容进行实施。

第九十条　【申请品种保护权的法律效力】本法中，实施申请品种保护权产生下列法律效力：

（1）【品种权申请获得授权的情形】当品种权申请被授予品种权时，申请品种保护权转变为品种权，申请品种保护权人转变为品种权人，以申请品种保护权人的身份所实施的法律行为，全部由品种权人继受和承担。

（2）【品种权申请被驳回的情形】①当驳回品种权申请的法律文书生效后，申请品种保护权终止；②终止行为对于终止以前基于该权利所实施的法律行为不具有溯及力；③对于未审理终结的诉讼或者未执行完毕的生效法律文书，如果必须基于申请品种保护权的有效性才能进行的，裁定终止审理或执行，对已经执行的部分不具有溯及力；④对于未履行完毕的合同，如果双方同意继续履行，而该履行又不损害他人和社会公共利益的，可以继续履行；一方不同意继续履行的，合同终止。

(3)【申请品种保护权的例外】如果品种权申请人通过提供虚假材料或者实施其他违法行为获得了申请品种保护权人的身份，其利用申请品种保护权所实施的全部法律行为自始无效，并且应当承担由此造成的全部法律责任。

第九十一条 【品种名称权】本法中的品种名称权包含下列4项内容：①在授权品种上使用该品种名称的权利；②禁止在其他品种上使用该品种名称的权利；③禁止违反品种名称专一性的规定使用该品种名称的权利；④禁止商业性使用与该品种名称近似的名称，以及与该品种名称对应的汉语拼音、外语翻译等内容的权利。

第九十二条 【品种修改权】本法中是指下列4项内容：

(1)【对遗传因子进行修改的权利】本法中，只有品种权人具有对授权品种的遗传因子进行修改的权利，遗传因子包括基因、基因组以及其他具有遗传性的物质。

(2)【对遗传因子的表达进行修改的权利】本法中，只有品种权人具有对授权品种遗传因子的表达进行修改的权利。

(3)【对遗传特征的内容和作用进行修改的权利】本法中，只有品种权人具有对授权品种遗传特征的具体内容和功能作用进行介绍和修改的权利。

(4)【对授权品种生产经营标准进行修改的权利】本法中，只有品种权人具有对授权品种的育种标准、种群标准、养殖标准、合适的地域范围进行修改的权利。

第九十三条　【保护品种完整权】本法中的保护品种完整权是指下列2项内容：

（1）【授权品种的遗传因子不被篡改的权利】任何人不得实施导致下列情形发生的行为：①能够表达优良性能的遗传因子被破坏；②植入了诱发原有遗传因子表达出退化、不良变异、病变、畸形等不良症状的有害的遗传因子，或者采取相应的技术处理措施达到上述目的；③实施其他阻碍遗传因子正常表达行为的。

（2）【授权品种的遗传特征、生产经营标准和名誉不被误导和诋毁的权利】任何人不得恶意地对授权品种的遗传特征、生产经营中的标准，以及授权品种的名誉进行误导性宣传和诋毁。

第九十四条　【保护品种正当生存权】本法中的保护品种正当生存权是指保障授权品种能够获得在授权条件中明确列出的动物品种应当享有的全部生存条件和生存标准的权利，以及获得动物生命应当享有的基本生命和基本尊严的权利。

第九十五条　【品种探视权】本法中是指育种者和法定权利人作为授权品种生命的创造者，基于法律意义上的母亲的身份对动物个体进行关心和照顾，对饲养和生存状况进行指导、帮助和监督，对受到的危害进行制止和提供保护的权利。

第九十六条　【使用权】本法中是指对下列3类品种中的每一类品种，以及每一类品种中所包含的2项内容中的每一项内容，实施下列6

种行为中的任何一种行为的权利。

（1）【3类品种】①授权品种；②授权品种的依赖性派生品种；③与授权品种相似的品种。

（2）【2项内容】①动物个体；②直接产品。

（3）【6种行为】①获取；②储存；③生产；④销售；⑤进口；⑥出口。

第九十七条 【依赖性派生品种】本法中是指利用已有的动物品种进行育种，所培育出的新品种与原有品种的遗传特征有所不同，但是保留了原有品种中具有经济价值和社会价值的主要遗传特征，这一新品种就称为原有品种的依赖性派生品种。

第九十八条 【依赖性派生品种的法律属性】本法中，依赖性派生品种的法律属性如下：

（1）【原有品种权对品种权申请的限制】原有品种享有品种权的，依赖性派生品种属于该品种权的保护范围，在该品种权有效期内，依赖性派生品种不得申请品种权；从原品种权期限届满之前的2年开始，原品种权人可以利用依赖性派生品种申请新的品种权。

（2）【原品种权人的优先申请权】原有品种权因提前终止失去法律效力的，在12个月内，原品种权人享有利用原品种的依赖性派生品种申请新的品种权的优先权，在该优先权期限内，他人不得利用该依赖性派生品种申请品种权；该优先权不得转让；原品种权人利用该依赖性派生品种获得的新的品种权5年内不得转让，否则，转让无效。

（3）【原有品种不享有品种权的可以申请品种权】①原有品种不享

有品种权的，可以利用原有品种的依赖性派生品种申请品种权；②他人利用依赖性派生品种获得品种权的，应当给予原有品种的所有者一定的报酬，报酬金额为该授权品种年度利润的10%以上，报酬期限为自授权的第二年开始计算，连续5年时间，总报酬的金额不得低于20万元；③从获得授权之日起，1年期限内，品种权人应当书面通知原有品种的所有者，如果以合理的方式难以通知的，应当通知国家监督管理机关，否则，应当向原有品种的所有者承担20万元的赔偿金，并且承担继续履行支付全部报酬的责任。

【第九十八条补充】【原有品种的所有者】 本法中是指原有品种的育种者；属于职务育种的，是指育种单位；原有品种的权利已经转让的，是指最后的受让者。

第九十九条 **【与授权品种相似的品种】** 本法中是指在体现经济价值和社会价值的遗传特征上与授权品种基本相同，并且包含授权品种的主要特异性特征的品种。

第一百条 **【获取】** 本法中是指对动物个体或直接产品取得所有权，或者实际占有、控制、收益的行为。

【第一百条补充】【获取的方式】 本法中的获取包括下列方式：①有偿或者无偿的方式；②合法或者非法的方式；③取得所有权；④在未取得所有权的情况下，进行了实际控制、占有、收益；④发出明确的购买邀约，或者签订了购买合同；⑤为了实现获取的目的而实施的其他相关行为。

第一百零一条 **【储存】** 本法中是指对动物个体或直接产品实施的

有偿或者无偿的存储或者保管的行为，以及为了实现这一目的而实施的相关行为。

第一百零二条 【生产】本法中是指对动物个体或直接产品实施的下列行为：①繁殖动物个体；②饲养动物个体；③制作加工直接产品；④运输动物个体或直接产品；⑤为了实现生产经营的目的而实施的其他相关行为。

【第一百零二条补充】【生产的例外】本法中，出于育种的目的对动物个体进行的饲养、扩繁、增加世代数量等行为，都属于育种行为，不属于生产行为。

第一百零三条 【销售】本法中是指对动物个体或直接产品实施的下列行为：①发布广告、销售邀约，或者实施其他推销行为；②签订销售合同；③转让；④为销售而对商品进行的专门性处理；⑤为销售而进行的各类宣讲、技术培训或者售后服务；⑥为销售而实施的其他相关行为。

【第一百零三条补充】【销售包括有偿和无偿行为】本法中的销售既包括有偿的行为，也包括无偿的行为。

第一百零四条 【进口】本法中是指为了商业目的把动物个体或直接产品从国外移转到国内，以及实施的相关行为；未经品种权人许可，不得实施平行进口。

【第一百零四条补充】【平行进口】本法中是指下列2类行为：①把从国内出口到国外的动物个体或直接产品，以及利用出口的动物个体在国外直接加工所获得的直接产品再进口到国内的行为；②把用于生产加工某一直接产品的原料出口到国外，在国外完成生产加工后，再把所得的直接产品进口到国内的行为。

第一百零五条 【出口】本法中是指为了商业目的把动物个体或直接产品从国内移转到国外的行为，包括把加工生产直接产品的原料移转到国外，以及实施的相关行为。

第一百零六条 【选育其他品种权】本法中是指在5代以内利用授权品种或者其依赖性派生品种作为亲本或者育种材料选育其他品种的权利。

第一百零七条 【育种方法权】本法中是指下列3项内容：①利用培育授权品种的育种方法培育相同或者不同品种的权利；②利用完全包含培育授权品种育种方法的其他方法，或者利用包含培育授权品种育种方法的主要内容的其他方法，培育相同或者不同品种的权利；③利用其他育种方法培育授权品种的权利。

第二节　品种权的义务内容

第一百零八条 【品种权人对授权品种的义务】本法中，品种权人对授权品种应当承担下列4项基本义务：①对授权品种的生产经营活动，特别是动物个体的养殖提供技术指导和服务；②对生产经营活动进行监督，防止品种权侵权行为的发生；③制止已经发生或者即将发生的品种权侵权行为，并采取对应的维权措施；④向国家监督管理机关提交年度报告。

第一百零九条 【技术指导和服务的义务】①品种权人对授权品种养殖者应当免费地提供技术指导和技术服务,如果需要进行实地的检查指导,可以收取适当的交通、住宿和误工费用;②品种权人自收到养殖者的技术咨询或技术服务请求后,应当于当日,最多不得超过3日给予答复;拒绝答复,或者提供错误性技术指导的,承担由此造成的直接损失。

第一百一十条【不得实施强行推销或者收购的义务】品种权人不得利用自身的权利人身份或者技术优势强行向授权品种的生产经营者推销授权品种或者其他品种,也不得推销饲料、添加剂、药品、化学品或其他商品;另外,也不得强行收购或者限制他人出售所生产经营的授权品种。

第一百一十一条 【监督检查的义务】①品种权人对于养殖者是否遵守养殖标准具有监督检查的权利和义务,对于规模性养殖者,或者发生过侵权行为的养殖者,应当每3个月监督检查1次,可以利用电话进行询问,也可以进行实地检查;②对于具有一定规模的直接产品的生产加工者和销售者,也应当每3个月监督检查1次;③发现已经发生或者即将发生的品种权侵权行为,应当立即制止侵权行为的发生、延续和危害的扩大,同时报告当地政府主管部门,并且根据情况采取其他维权措施;④发现已经发生或者即将发生流行性疾病、新型或者奇特性疾病,或者其他可能危害社会公共利益的疾病时,应当于发现当日报告当地政府主管部门,并且采取防范措施制止危害的发生和延续。

【第一百一十一条补充1】【规模性养殖】本法中的规模性养殖是指

对于同一授权品种养殖的规模达到下列标准的情形：①畜类的数量在100头（只）以上；②禽类的数量在10000只以上；③水产类的养殖在50亩以上。

【第一百一十一条补充2】【规模性养殖的类型】本法中的规模性养殖包括下列3种类型：①一般性的规模养殖；②地域性关联的规模养殖；③利益性关联的规模养殖。

【第一百一十一条补充3】【一般性的规模养殖】本法中是指由单一养殖者形成的规模性养殖，或者由几个相互合作的不同养殖者所形成的规模性养殖。

【第一百一十一条补充4】【地域性关联的规模养殖】本法中是指下列2种类型：①在同一社区、农场、行政村内，相互独立的不同养殖者，总体的养殖规模达到了规模性养殖的程度；②以某一行政村为中心，结合相邻或者相近的数个自然村或行政村，总体养殖规模达到了规模性养殖的程度。

【第一百一十一条补充5】【利益性关联的规模养殖】本法中是指不同的养殖者相互之间存在一定的利益关系，他们的总体养殖规模达到了规模性养殖的程度。利益关系主要包括：①养殖企业的合伙人、投资人、贷款人、股东、管理者等；②养殖企业的繁殖材料或者遗传材料的提供者、收购者；③养殖企业的关联企业；④其他利益的关联者。

第一百一十二条　【实施维权的义务】本法中是指发生品种权侵权行为时，品种权人应当积极地采取维权措施，制止侵权行为，并且追究侵权人的侵权责任；否则，品种权人构成特别侵权行为，承担特别侵权责任。

第一百一十三条 【维权的基本措施】本法中包括下列3项措施：①采取措施制止侵权行为的发生、延续，以及危害的扩大；②报告国家监督管理机关或者地方政府主管部门，请求制止侵权行为并追究侵权人的法律责任，或者请求帮助制止侵权行为；③向人民法院提起侵权诉讼。

第一百一十四条 【故意放纵侵权】本法中，发生严重侵权行为时，品种权人在知道或者应当知道侵权行为发生之日起3个月内未采取维权措施，或者不参加他人已经提起的侵权诉讼，或者不支持他人实施维权，甚至阻碍他人实施维权的，构成故意放纵侵权。

第一百一十五条 【放任侵权】本法中，发生非严重侵权行为时，品种权人自知道或者应当知道侵权行为发生之日起3个月内未采取维权措施的，构成放任侵权。

第一百一十六条 【年度报告义务】自品种权授权公告第2年度的1月1日起，品种权人应当在每年的12月31日之前，向国家监督管理机关提交本年度实施授权品种的年度报告，年度报告应当包含下列内容：①授权品种的品种名称和授权号；②品种权人的名称、地址、联系方式；③当年全国范围内该授权品种养殖的规模、数量和分布区域；④被许可人的数量、许可使用的类型、许可使用的年限和范围；⑤疾病发生和预防治疗的情况；⑥侵权行为发生的数量、侵权类型、发生区域、损失和危害情况、实施维权的措施和结果；⑦生产经营和维权过程中面临的主要问题，遇到的主要困难；⑧自己的要求和建议、填写报告人、提交报告的日期。

第一百一十七条 【年度报告的审查和法律责任】品种权人对自己的年度报告负责。

（1）【年度报告的审查】存在下列情形之一的，年度报告不合格：①未按时提交年度报告，逾期6个月后仍然未提交年度报告的；②报告中存在虚假材料，或者责令改正后仍然存在虚假材料的；③隐瞒已经发生的严重侵权行为的；④品种权人实施了品种权侵权行为的。

（2）【年度报告的法律责任】年度报告连续3年不合格，或者在6年内累计3年不合格的，国家监督管理机关应当做出提前终止该品种权的决定。

第八章　品种权的期限和归属

第一百一十八条　【品种权的保护期限】品种权的保护期限为50年，自授权公告之日起开始计算，至第50年的12月31日止；品种权自授权公告之日起开始生效。

第一百一十九条　【符合授权条件的品种权在整个保护期限内持续有效】本法中，除了授权品种自身不符合授权条件或者属于不能授予品种权的情形之外，自品种权授权之日起，在品种权50年的保护期内，品种权一直有效。

【第一百一十九条补充】【品种权归属的变更】本法中，下列情形将导致品种权的归属发生变更，由原品种权人变更为国家监督管理机关，品种权仍然合法有效：①提前终止后的品种权；②品种权人因实施品种权侵权行为导致品种权被撤销后的财产性权利。

第一百二十条　【职务育种权利的归属】职务育种者培育的授权品种，品种权归属于单位所有；育种者享有署名权、获得报酬权和获得奖励权。

【第一百二十条补充】单位与育种者就品种权的归属签订合同进行约定的从约定；但是，单位为国有单位或者国有控股单位的除外。

第一百二十一条　【合作育种的权利归属】合作各方在育种合同中对品种权的归属有约定的从约定，没有约定的属于合作各方共有，份额均等。

第一百二十二条 【委托育种的权利归属】一方接受另一方的委托培育品种，在委托合同中对品种权的归属有明确约定的从约定，没有约定，或者约定不明确的，属于实际完成育种的一方所有。

第一百二十三条 【非法获取的法定权利无效】以非法手段获取的法定权利，该权利自始无效。

第九章 育种者和资源者的权利

第一百二十四条 【育种者的署名权】育种者对所培育出的动物品种享有永久性的署名权；属于动物新品种的，第一育种者在预设名称和品种名称中享有永久性的姓名全称标注权和不被变更权。

第一百二十五条 【育种者的报酬权】育种者对所培育出的动物品种享有报酬权；报酬权不受育种者在育种工作期间已经领取的工资、科研费用或者奖励的影响，也不受该动物品种是否被授予品种权，该品种权是否仍然合法有效的影响；属于职务育种的，由育种单位支付育种者报酬，属于非职务育种的，由品种的实施者支付育种者报酬；育种者报酬必须支付给育种者本人、其合法的继承人，或者其指定的人，否则，属于未支付；育种者报酬应当全部以货币的方式支付。

【第一百二十五条补充1】【品种权人对育种者报酬的支付】育种者培育的动物品种获得品种权授权的，当育种者与品种权人不属于同一人时，由品种权人支付育种者报酬；品种权人发生变更的，由变更后的新的品种权人继续支付；在品种权转让合同中，原品种权人未全部支付育种者报酬的，品种权转让无效；无论品种权人对授权品种是否实际开展生产经营活动，或者是否盈利，都应当按时足额地支付当年的育种者报酬；育种者报酬可以每年支付，也可以一次性地全部支付，由育种者与品种权人协商决定。

【第一百二十五条补充2】【支付育种者报酬的最短年限】自育种者实际交付动物品种第2年的1月1日起开始计算，于每年的12月31日前支付完毕当年的全部报酬，支付报酬的总年限不得少于5年，应当连续支付，不得间断。

【第一百二十五条补充3】【育种者报酬的金额及最低值】每年的育种者报酬不得低于当年实施该动物品种经营利润的5%；育种者报酬的最低金额不得低于育种者所在省（直辖市、自治区）上一年度平均年度工资额的2倍。

【第一百二十五条补充4】【获得奖励的份额】育种者培育出的动物品种如果获得来自政府或者其他机构的物质奖励，育种者应当获得不少于50%的奖励份额。

第一百二十六条 【遗传资源权利人的许可同意】培育动物品种使用他人遗传资源的，应当与遗传资源权利人签订许可使用合同，支付许可使用费用。

第一百二十七条 【遗传资源许可使用合同的基本内容】本法中，遗传资源许可使用合同应当包含下列内容：①遗传资源权利人的名称、地址和联系方式；②遗传资源权利人作为许可人的资格证明；③被许可人的名称、地址和联系方式，使用的方式和目的；④遗传资源的正式名称（包括拉丁学名）、类型、基本特征、地理位置；⑤被许可使用的方式、期限、数量、目的；⑥获取的方式和途径；⑦涉及国家濒危物种、独有物种，或者法律规定应当事先获得特别批准的物种，应当在合同中注明已经获得的批准文件的名称、编号、日期和审批单位的名称，并且把批准文件的复印件作为合同的附件；⑧许可使用费的金额和支付方式；⑨违约责任和争议的解决方式。

【第一百二十七条补充1】【授权品种作为遗传资源的使用】利用他人的授权品种作为遗传资源使用的，应当签订遗传资源许可使用合同。

【第一百二十七条补充2】【授权品种作为遗传资源使用的限制】对授权品种实施强制许可时，个人申请的强制许可中不得包含已经作为遗传资源使用的授权品种，国家实施的强制许可中可以包含这类授权品种。

第四篇　品种权的使用、转让和限制

第十章　品种权的使用和转让

第一百二十八条　【被许可人的权利义务】本法中，被许可人基于品种权许可使用合同享有下列权利，承担下列义务：①在合同约定的范围内享有约定的全部权利；②在合同有效期内，与品种权人共同承担品种权的维权义务；③发生侵权行为时，应当自知道或者应当知道侵权行为发生之日起3日内通知品种权人；④协助品种权人监督检查被许可使用的授权品种的生产经营状况。

第一百二十九条　【特别被许可人的维权责任】本法中，品种权侵权行为发生后，独占性许可和排他性许可的被许可人、侵权行为发生地和危害结果发生地的被许可人都属于特别被许可人，都必须实施维权行为，当用其他维权措施难以有效地实施维权时，应当提起侵权诉讼，或者参加他人已经提起的侵权诉讼。

第一百三十条 【品种权许可使用合同的基本内容】本法中,许可使用合同应当包含下列内容:①品种权人与被许可人的名称、地址和联系方式;②品种名称,授权品种合适的地域范围,品种权剩余的有效期限;③被许可使用的地域范围和期限;④被许可行使的具体权利事项;⑤被许可人承诺,在合同有效期限内,不实施品种权侵权行为的保证,以及发生侵权行为时,及时实施维权的保证;⑥许可使用费的金额和支付方式;⑦违约责任及争议处理的方式。

【第一百三十条补充】【许可使用合同的界限】①被许可使用的范围不得超出授权品种合适的地域范围;②被许可使用的期限不得超出授权品种的有效期限;③超出部分自始无效。

第一百三十一条 【许可使用合同的生效、提前终止和解除】本法中,许可使用合同应当遵守如下要求:

(1)【许可使用合同的生效】品种权人与被许可人自签订许可使用合同之日起30日内应当提交国家监督管理机关或者其授权的当地政府主管部门进行登记备案,登记备案部门于收到登记备案申请的当日办理登记备案手续,向双方发放具有全国统一编号的登记备案证书,许可使用合同自登记备案之日起生效。

(2)【许可使用合同的提前终止】逾期3个月未缴纳许可使用费,经品种权人书面催告,被许可人自收到催告通知之日起30日内仍然未足额缴纳的,自30日期限届满之日起,品种权人有权决定提前终止该合同;品种权人决定提前终止的,应当书面通知被许可人,自提前终止的书面通知送达被许可人之日起,许可使用合同提前终止;品种权人应当自合同提前终止生效之日起30日内书面报告登记备案部门进行提前终止登记。

(3)【许可使用合同的解除】在许可使用合同有效期内,被许可人实施品种权侵权行为的,品种权人应当自知道或者应当知道之日起30日内解除该合同,并且责令被许可人停止侵权行为、承担侵权责任;自解除合同的书面通知送达被许可人之日起,该合同解除;自合同解除生效之日起30日内,品种权人应当书面报告登记备案部门进行合同的解除登记。

第一百三十二条 【许可使用合同的类型】本法中,包括下列3种类型:

(1)【独占性许可】只有被许可人有权实施授权品种,品种权人和其他第三人都不得实施该授权品种。

(2)【排他性许可】只有被许可人和品种权人有权实施授权品种,其他第三人不得实施该授权品种。

(3)【一般性许可】除了被许可人以外,品种权人可以实施该品种,也可以再许可其他第三人实施该授权品种。

第一百三十三条 【许可使用费的参照标准】本法中,许可使用费的参照标准如下:

(1)【一般性许可的使用费】年许可使用费的标准为:①在品种权生效的第1~10周年内,为同行业年平均利润的20%~25%;②在第11~20周年内,为10%~20%;③在第21周年以后,为5%~10%。

(2)【排他性许可的使用费】在一般性许可使用费的基础上对应地

各增加10%的比例，分别为30%~35%、20%~30%、15%~20%。

（3）【独占性许可的使用费】在一般性许可使用费的基础上对应地各增加20%的比例，分别为40%~45%、30%~40%、25%~30%。

【第一百三十三条补充1】许可使用合同的双方，在这一参照标准的基础上，可以在上下10%的幅度内进行调整，超出这一范围的部分无效。

【第一百三十三条补充2】【申请品种保护权被许可人的权利义务】本法中，申请品种保护权人许可他人实施申请品种的，被许可人享有的权利义务参照品种权被许可人的权利义务实施。

第一百三十四条 【共有人对保护品种的实施】①共有人对实施保护品种有合同约定的从约定，没有约定的，共有人中的任何人都有权利单独实施，或者以一般性许可的方式许可他人实施；②实施所得的收益，除了实施者应得的合理劳动报酬以外，其余部分应当在共有人之间进行分配，对于分配方式有约定的从约定，没有约定的，等额分配。

【第一百三十四条补充】【共有人实施行为的限制】本法中，共有人实施独占性许可、排他性许可，或者转让法定权利的，必须经过全体共有人的一致书面同意；共有人相互之间不得代为签字，否则，签字无效；共有人有正当理由不能亲自签字的，应当委托共有人之外的其他人代为签字，并且出具授权委托书，受委托人应当向其他共有人提供身份证的原件作为身份证明。

第一百三十五条 【共有人出让份额与优先购买权】①共有人出让自己对法定权利享有的份额的，同等条件下其他共有人享有优先购买权；②自出让人明确告知全体共有人出让自己的份额之日起30日内，未有共有人主张购买，或者买卖双方未就购买事宜达成一致的，视为全体共有人同意其对外转让自己的份额。

【第一百三十五条补充】【侵犯优先购买权的责任】出让者最终以低于向其他共有人通报的价格和条件对外出让的，侵犯其他共有人的优先购买权，出让人应当在出让合同生效之日起3个月内按照两个价格的差额作为赔偿额支付给其他共有人，否则，该出让合同无效；出让人出让给自己的近亲属或者用于抵销自己的债务的除外。

第一百三十六条 【法定权利的转让】本法中，转让法定权利的，应当符合下列要求：①向中国公民或者外商独资企业之外的中国单位转让品种申请权的，无须批准；②转让品种权，或者向在中国境内的外国公民或者外商独资企业转让品种申请权的，应当经过国家监督管理机关的审查和批准；③从中国境内向国外转让品种申请权或者品种权的，应当经过国家监督管理机关的审查和批准；④转让品种申请权或者品种权的，应当经过授权机关的登记和公告，转让自公告之日起生效。

第十一章 品种权使用的限制

第一百三十七条 【强制许可】本法中,强制许可包括国家强制许可和第三人申请强制许可。

(1)【国家强制许可】为了国家安全,公共利益,特别是涉及食品、药品等方面的特殊需要时,国家监督管理机关可以直接决定对授权品种实施强制许可,指定明确的实施人以及应当支付的使用费用,并通知品种权人。

(2)【第三人申请强制许可】在品种权生效3周年以后,具有正当使用条件和使用目的的使用人,以合适的条件请求品种权人许可其按照一般性的许可使用方式实施授权品种被拒绝后,在被拒绝的1年内可以向国家监督管理机关申请强制许可。

第一百三十八条 【批准第三人申请强制许可的条件】存在下列情形之一时,国家监督管理机关应当批准强制许可申请:①品种权人在3年内一直未实施,包括未授权他人实施该授权品种;②品种权人对该授权品种的实施不能满足国内市场的合理需求;③品种权人实施该授权品种的行为已经被生效的法律文书认定为垄断行为。

第一百三十九条 【强制许可的限制】本法中,对强制许可有下列要求:①强制许可最长期限为4年,期限届满后自动终止,不得延长;②强制许可只能属于一般性的许可;③同一强制许可的申请人,只能申请2次强制许可，并且对同一授权品种只能申请1次；④同一授权品种只能被强制许可2次。

【第一百三十九条补充1】【强制许可的提前终止】发生下列情形之一的，国家监督管理机关应当做出提前终止强制许可的决定，品种权人也可以申请国家监督管理机关提前终止强制许可：①已经不存在继续执行强制许可的必要性；②被许可人逾期3个月未足额缴纳许可使用费，经过书面催告，30日内仍然未足额缴纳许可使用费。

【第一百三十九条补充2】【强制许可的撤销】发生下列情形之一的，国家监督管理机关应当撤销强制许可，品种权人也可以申请国家监督管理机关撤销强制许可：①被许可人实施品种权侵权行为；②被许可人生产经营的动物个体或直接产品存在严重的质量问题。

【第一百三十九条补充3】【国家监督管理机关做出决定的期限】经品种权人申请，国家监督管理机关应当自收到撤销或者提前终止强制许可的申请之日起30日内做出是否同意的决定。

【第一百三十九条补充4】【对申请品种强制许可的适用】本法中，对授权品种的强制许可规定适用于对申请品种的强制许可。

第一百四十条　【合适的地域范围限制】①任何人不得超出合适的地域范围实施保护品种；②也不得签署和履行超出合适的地域范围的许可使用合同或转让合同；③违反上述规定的行为属于品种权侵权行为。

【第一百四十条补充】【超出合适的地域范围的农户豁免】在超出合适的地域范围的情况下，如果法定权利人与农户签署法定权利的转让合同、许可使用合同，或者签署保护品种的委托饲养合同、委托加工合同,农户对此不承担任何侵权责任。

第一百四十一条 【社会公共利益对使用的限制】实施保护品种不得危害人类、其他生物、其他社会公共利益,已经发生危害,或者即将发生危害的,实施者应当立即停止实施行为,并且采取措施避免危害的发生、延续和扩大,并且应当在3日内通知法定权利人,同时报告当地政府主管部门;法定权利人自知道或者应当知道危害发生之日起3日内应当报告危害发生地的政府主管部门。

第五篇　品种权的无效异议、撤销、提前终止、变更和继受

第十二章　品种权的无效异议和撤销

第一节　品种权的无效异议

第一百四十二条　【提出无效异议申请的期限】本法中，自品种权授权公告第2年的1月1日起，在5年期限内，认为品种权授权不符合法律规定的，任何人都有权利向国家监督管理机关提交无效异议申请和证据材料，国家监督管理机关受理后进行审查，举行听证，并做出是否同意异议申请的决定。

第一百四十三条　【宣告无效的条件】本法中，授权品种存在下列情形之一的，应当被宣告无效：①存在不能授予品种权的内容；②不符合授权条件；（3）授权程序不合法。

第一百四十四条 【被认定无效后的法律效力】①被宣告无效的品种权自始不存在；②对依据司法机关或者行政机关做出的生效法律文书，或者当事人之间签订的生效合同，已经履行完毕的事项，不具有溯及力；③对于正在履行的，停止履行，并且按照公平合理的原则处理已经履行和未履行的事项；双方同意继续履行，又对他人和社会公共利益无损害的，从其约定。

第二节 品种权的撤销

第一百四十五条 【撤销品种权的理由】本法中，存在下列情形之一的，撤销品种权：①通过提交虚假申请材料获得的品种权；②品种权人实施了品种权侵权行为。

第一百四十六条 【提交虚假申请材料获得的品种权】本法中包括下列4种情形：①利用非法获取的他人的申请品种，获得的品种权；②在他人动物品种的基础上，只进行了未改变原有品种基本特征的修饰性育种，利用这一修饰性品种获得的品种权；③通过非法地舍去合法的申请人，或者添加非法的申请人获得的品种权；④利用伪造或者编造的申请材料或数据资料获得的品种权。

第一百四十七条 【品种权被撤销后的效力】本法中，品种权因不同的原因被撤销后分别产生不同的法律效力：

（1）【提交虚假申请材料的撤销】因提交虚假申请材料导致品种权被撤销的，依据所提交虚假申请材料的类型，分别产生下列不同的法律效力：①利用非法获取的他人的申请品种，或者利用非法变更申请人后的申请品种，或者利用修饰性品种获得的品种权，只要该授权品种本身符合授权条件，该品种权继续有效，应当变更非法的品种权人；②利用伪造和虚假的申请品种特征材料获得的品种权，如果该授权品种本身不符合授权条件，该品种权自始无效；自该品种权被撤销之日起，冻结该品种名称，任何人不得再使用该品种名称，也不得用于申请另一品种，由国家监督管理机关负责监督管理。

(2)【因品种权人实施侵权行为的撤销】本法中，因品种权人实施侵权行为导致品种权被撤销的，产生下列法律效力：①自被撤销之日起，5项精神性权利仍然归原品种权人享有，3项财产性权利归国家享有，由国家监督管理机关作为特殊权利人代表国家享有该权利；②未经国家监督管理机关许可，原品种权人不得再实施3项财产性权利，否则属于侵权行为。

(3)【被撤销后的品种权保护】他人侵犯被撤销后的品种权的，原品种权人及国家监督管理机关都有责任对整个品种权进行保护。

第一百四十八条 【因提交虚假申请材料的撤销对撤销前的效力】本法中，通过提交虚假申请材料获得的品种权，原品种权人承担由此造成的全部法律责任，具体规定如下：①对依据司法机关或者行政机关做出的生效法律文书，已经执行完毕的事项，或者双方签署的生效合同已经履行完毕的，不具有溯及力，造成损失的，由原品种权人承担；②对于未执行完毕的生效法律文书和未履行完毕的生效合同，如果授权品种自身不符合授权条件，不再执行和履行，由此造成的损失由原品种权人承担；如果授权品种自身符合授权条件，当存在变更后新的品种权人时，在不损害他人和社会公共利益的前提下，可以由新的品种权人与合同相对方决定是否继续履行，继续履行的，新的品种权人只对自己实际履行的部分承担权利义务，不同意继续履行的，终止履行，由此造成的损失由原品种权人承担。

第一百四十九条 【因实施侵权行为的撤销对撤销前的效力】①对依据司法机关或者行政机关做出的生效法律文书，或者当事人之间签订的生效合同，已经履行完毕的，不具有溯及力；②生效法律文书或者合同所依据的全部事项都发生在品种权被撤销之前的，应当继续履行；③需要依据品种权有效才能继续履行的事项，自品种权被撤销之日起，对已经履行的不具有溯及力，未履行的事项涉及3项财产性权利的，应当获得国家监督管理机关的许可；不再继续履行的，已经收取的未履行部分所对应的费用应当退还；双方同意继续履行，该履行又不损害他人和社会公共利益的，可以继续履行。

第十三章 品种权的提前终止

第一百五十条 【提前终止的条件】本法中，出现下列情形之一的，品种权提前终止。

（1）品种权人向国家监督管理机关书面请求放弃品种权的；

（2）品种权人不能提供满足授权条件的授权品种以供检验的；

（3）品种权人累计3年未按时足额缴纳年费，又未获得同意延长或者免缴批准的；

（4）年度报告连续3年不合格，或者在6年内累计3年不合格的。

第一百五十一条 【提前终止的宽限期】发生提前终止事项的，自发生之日起1个月内，国家监督管理机关应当向品种权人发出提前终止告知书，告知已经发生的事项和可以补救的措施，以及3个月的宽限期；品种权人自收到告知书之日起，在宽限期内，可以采取补救措施消除导致提前终止的事项，再书面请求恢复自己品种权人的资格；国家监督管理机关应当自收到品种权人的请求书之日起3个月内，对申请人所履行的事项进行审查，并在此基础上做出是否提前终止品种权的决定。

【第一百五十一条补充】 提前终止的法律文书生效后，国家监督管理机关应当自法律文书生效之日起30日内进行品种权提前终止登记，并自登记之日起30日内提请授权机关进行公告，授权机关自收到公告文书之日起30日内应当进行公告，自公告之日起生效。

第一百五十二条 【提前终止后的法律效力】①品种权人享有的5项精神性权利仍然有效，由原品种权人继续享有，原品种权人明确表示放弃，或者不履行自己的品种权人职责的，由国家监督管理机关继受；②品种权的3项财产性权利自提前终止公告之日起，在品种权剩余的保护期内由国家继受；③提前终止后，对于提前终止以前已经实施的行为不具有溯及力，对于未执行的生效法律文书，如果所基于的事实和依据都发生在提前终止之前的，应当继续执行，由此产生的权利义务归属原品种权人；如果执行行为涉及提前终止后的事项，是否继续执行由国家监督管理机关决定；对于未履行完毕的有效合同，在不损害他人和社会公共利益的情况下，双方同意继续履行的，可以继续履行，否则终止履行。

第十四章 变更与继受

第一节 品种权申请人和品种权人的变更

第一百五十三条 【变更的期限、类型和程序】本法中，包括下列3项内容：

（1）【变更的期限和受理机关】①品种权授权以前，品种权申请人、继承人、继受人、受让人，以及与品种权申请存在利益关系的人，可以向授权机关申请变更品种权的申请人；②品种权授权以后，品种权人、继承人、继受人、受让人，以及与品种权存在利益关系的人，可以向国家监督管理机关申请变更品种权人。

（2）【变更的类型】包括4种类型：①更换全部的品种权申请人或品种权人；②增加部分品种权申请人或品种权人；③减少部分品种权申请人或品种权人；④增加一部分，同时减少另一部分品种权申请人或品种权人。

（3）【变更的要求】请求变更的，应当提交请求书，说明变更的事实和理由，同时提交相关的证据材料；受理机关受理后进行审查，认为必要时可以举行听证，最终做出是否同意变更的决定；已经有生效法律文书规定变更的，按照法律文书的规定办理；进行变更的，办理变更手续，由授权机关进行变更公告，自公告之日起生效。

【第一百五十三条补充】【利益关系人】本法中包括：①育种者；②委托育种合同的当事人；③合作育种合同的当事人；④职务育种的育种者及育种单位。

第一百五十四条 【变更的方式】本法中的变更包括下列2种方式：

（1）【权利归属无争议时的变更】对于品种申请权或者品种权的合法归属无争议的，合法的权利人可以直接向授权机关或者国家监督管理机关提出变更申请，直接变更为合法的权利人。

（2）【权利归属存在争议时的变更】对于品种申请权或者品种权的合法归属存在争议的，应当通过人民法院进行解决，然后依据生效的法院判决书办理变更手续。

第一百五十五条 【变更的效力】变更不影响品种权的保护期限，品种权人变更后，新的品种权人只能享有剩余的保护期限；不同的变更事由产生不同的法律效力。

（1）【非法权利人被变更后的效力】非法权利人被变更的，变更后，新的权利人享有变更前和变更后基于该保护品种所产生的全部收益，不承担由非法权利人导致的任何法律责任，并且有权追究非法权利人的侵权责任。

（2）【合法原因变更后的效力】基于合法原因变更的，对于变更前及变更后的权益和责任有合同约定的从约定；无合同约定的，新增加的权利人不享有变更前的权益，也不承担变更前的责任；新增加的权利人享有变更前权益的，在所享有的权益范围内承担相应的责任。

第二节　法定权利的继受

第一百五十六条　【国家自动继受】发生下列情形之一的，国家监督管理机关代表国家自动继受法定权利，成为特殊权利人：①法定权利人死亡，无继承人，或者继承人放弃继承的；②法定权利人被依法宣告死亡或者失踪，无继承人，或者继承人放弃继承的；③连续6年逾期未缴纳品种权年费，按照品种权人留存的联系方式，以及其他合理的方式都无法与品种权人取得联系的；④品种权被提前终止；⑤因品种权人实施品种权侵权行为导致品种权被撤销后的3项财产性权利；⑥因提交申请品种的虚假材料导致品种权被撤销以后，品种权中的品种名称权；⑦法定权利人明确提出赠予国家的权利。

【第一百五十六条补充】【国家继受的权利义务】特殊权利人对于继受前基于该法定权利所形成的全部权益和责任不享有任何权利，也不承担任何义务。

第一百五十七条　【单位或个人继受】单位或者个人可以通过继承或者获得赠予的方式继受法定权利。

【第一百五十七条补充】【单位或个人继受者的权利义务】单位或个人作为继受者，对于继受前基于该法定权利所产生的权益和责任享有权利，承担义务。

第一百五十八条　【继受程序】继受者为单位或个人的，应当自继受条件发生之日起3个月内向国家监督管理机关提交继受申请，国家监督管理机关审查后做出是否同意继受的决定书,同意继受的,办理继受手续,进行登记和公告;属于国家继受的,国家监督管理机关应当自继受条件发生之日起3个月内办理继受手续,进行登记和公告;继受自公告之日起生效。

【第一百五十八条补充】【精神性权利的保护】品种权的精神性权利不得继受,品种权继受人享有保护精神性权利的权利和义务。

第六篇　品种权的侵权行为及法律责任

第十五章　侵权类型、责任类型及责任原则

第一节　侵权行为及侵权责任的一般规定

第一百五十九条　【品种权侵权行为的范围】本法中，品种权侵权行为包括下列5个方面：

（1）【侵犯品种申请权】本法中，存在下列情形之一的，属于侵犯品种申请权的侵权行为：①使用虚假或者伪造的动物品种材料申请品种权的；②对于他人的动物品种，非法地以自己的名义或者第三人的名义申请品种权的；③利用伪造的育种者身份或者预设名称申请品种权的；④在申请材料中存在非法的申请人的；⑤利用虚假材料，恶意地对他人的品种权申请提出申请异议的。

(2)【侵犯申请品种保护权】①未经许可实施他人的申请品种；②对他人申请品种的动物个体或直接产品实施加害行为。

(3)【侵犯品种权】①未经许可实施他人的授权品种；②对他人授权品种的动物个体或直接产品实施加害行为；③利用虚假材料恶意地对他人的品种权提出无效异议。

(4)【利用保护品种侵害第三方和社会公共利益】利用保护品种的动物个体或直接产品对第三方或社会公共利益实施危害行为。

(5)【特别侵权行为】本法中，特别侵权行为包括下列2类：①对品种权侵权行为承担维权责任的法定权利人、独占性被许可人、排他性被许可人、侵权行为发生地和危害结果发生地的被许可人，以及社会公共利益受到危害的当地主管部门，在侵权行为发生后规定的期限内未实施维权的行为；②品种权人及被许可人实施的品种权侵权行为。

【第一百五十九条补充1】【品种权人实施的品种权侵权行为】本法中，包括下列2类行为：①侵犯自己品种权的行为；②侵犯他人品种权的行为。

【第一百五十九条补充2】【品种权人侵犯自己品种权的行为】本法中，包括下列3类行为：①侵犯自己授权品种的行为；②实施放任侵权的行为；③实施故意放纵侵权的行为。

【第一百五十九条补充3】【品种权人侵犯自己授权品种的行为】本法中，包括下列3种情形：①对动物个体或直接产品实施侵害；②对品种名称实施侵害。

【第一百五十九条补充4】【品种权人侵犯他人品种权的行为】本法

中，包括下列3种行为：①侵犯他人的品种申请权；②侵犯他人的申请品种保护权；③侵犯他人的品种权。

【第一百五十九条补充5】【被许可人的侵权行为】 本法中，在许可使用合同有效期内，下列情形属于被许可人实施的品种权侵权行为：①侵犯被许可使用的品种权或者申请品种保护权；②侵犯未被许可使用的品种权或者申请品种保护权；③实施放任侵权；④实施故意放纵侵权。

【第一百五十九条补充6】【法定权利人对被许可人实施侵权行为承担的责任】 本法中，在许可使用合同有效期内，被许可人实施品种权侵权行为的，法定权利人在知道或者应当知道侵权行为发生之日起3日内应当采取维权措施，制止侵权行为的发生、延续，以及损失的扩大，并且应当采取其他合理的维权措施，否则，构成特别侵权行为。

第一百六十条 【品种权侵权行为的类型】本法中，侵权行为分为下列4种类型：①一般性侵权行为；②特殊侵权行为；③对社会公共利益或第三方的侵权行为；④不被视为侵权的行为。

第一百六十一条 【品种权侵权行为侵犯的对象】本法中，包括下列11类对象：①动物个体自身应有的权益；②直接产品应有的价值；③自然人正常地生存、发展和保持身心健康应有的权利和利益；④其他动物自身应有的权益；⑤生物多样性应有的社会价值；⑥国家遗传资源应有的社会价值；⑦环境应有的社会作用和价值；⑧社会伦理道德应有的社会作用和价值；⑨消费者的权益；⑩合法生产经营者的权益；⑪无辜受害第三人的权益。

第一百六十二条 【品种权侵权责任的类型】本法中，品种权侵权责任包括民事责任、行政责任和刑事责任，具体包括下列内容：

(1)【民事责任】①停止侵权；②赔偿损失；③制止危害的延续；④无害化消除危害物；⑤禁止获取品种权令；⑥禁止实施品种权令；⑦禁止品种权异议令；⑧禁止从事职业令；⑨赔礼道歉；⑩消除影响。

(2)【行政责任】①行政拘留；②吊销经营资格；③没收非法所得；④没收侵权物；⑤罚款。

(3)【刑事责任】①判处刑罚；②没收非法所得；③没收侵权物；④罚款。

【第一百六十二条补充】没收动物个体的，应当首先联系法定权利人，然后再进行处理。

第一百六十三条 【承担侵权责任的基本原则】本法中，包括下列4项原则：

(1)【同时承担多种责任】依据侵权行为的性质和造成的危害结果，可以责令侵权人同时承担民事责任、行政责任和刑事责任。

(2)【全面承担责任】侵权人应当对其造成的全部损失和危害结果承担全部的法律责任；同时侵害不同的主体和事项的，同时承担全部责任。

(3)【承担关联性侵权的连带责任】①如果侵权人实施的一项侵权行为导致多项危害结果的发生，或者多位不同的侵权人实施的多项侵权行为，导致相互关联的危害结果的发生，对于直接或者间接的所有参加者，无论他们相互之间是否存在事先的联系，或者存在共同的侵权故意，都属于共同侵权人；②共同侵权人对全部侵权行为和危害结果承担连带责任。

（4）【必须承担特别法律责任】本法中对一些侵权行为专门明确地规定了特别法律责任，侵权人必须首先承担所规定的全部特别法律责任，然后，在此基础上再承担其他侵权责任。

第二节　具体的侵权责任类型及内容

第一百六十四条　【制止危害的延续】本法中是指在立即停止侵权行为的前提下，侵权人还应当承担下列责任：

（1）【提供侵权行为和危害结果的资料】侵权行为发生后，侵权人应当向法定权利人、当地政府主管部门准确提供下列内容：①全部侵权人的姓名和联系方式；②所实施的具体侵权行为，包括时间、地点、范围、数量、侵害的方式和对象、持续的时间等；③产生的危害结果，包括直接的、间接的、潜在的危害结果，具体内容应当包括人员伤害情况、社会公共利益损害情况、经济损失情况，以及危害的典型症状、危害的范围、潜在的危险性、造成危害的原因、后续发展的趋势等；④有效的救济手段和已经采取的救济措施。

（2）【提供危害物的资料】由危害物造成的侵害，侵权人应当准确提供下列内容：①危害物的名称；②属于物品的，物品的主要组成成分；③产生危害的基本原理；④产生危害的方式、结果和特征；⑤危害物的生产者、销售者、提供者及流通渠道；⑥危害物的总数量；⑦有效消除危害的基本措施；⑧已经采取的救济措施。

（3）【提供受害方的资料】对于受到侵害的消费者、其他第三方、保护品种、其他动物、其他社会公共利益，侵权人应当如实地提供受害方的姓名（名称）、特征、地理位置或分布区域，以及其他有助于确定受害方的信息。

第一百六十五条 【无害化消除危害物】本法中是指对来自保护品种的有害废弃物，或者因为受到侵害而产生的危害物，利用对人类、其他生物、其他社会公共利益都没有直接的、间接的、潜在的危害的方式、方法进行消除。

第一百六十六条 【禁止获取品种权令】本法中是指下列2项内容：①在被禁止的期限内，被禁止者不得申请品种权，也不得以任何方式获取、拥有、转让品种权；②被禁止者已经拥有的品种权，自禁止令生效之日起被撤销，应当在禁止令生效3个月内办理撤销手续；逾期未办理手续的，国家监督管理机关在逾期3个月内自行办理撤销和国家继受手续，并分别进行撤销公告和继受公告。

【第一百六十六条补充1】【年限标准】本法中禁止获取品种权令的禁止年限为固定的3种年限，分别为：①10年；②20年；③30年。

【第一百六十六条补充2】【相关期限内禁止转让】按照本法规定，应当承担被禁止获取品种权令的，自引起该法律责任的行为发生之日起，到禁止获取品种权令生效之日止，在这一期间内不得转让被禁止者拥有的所有品种权，违法转让的无效。

【第一百六十六条补充3】【股东禁令】被禁止获取品种权令的主体

是企业时，禁止令对全体股东有效，即在禁止令有效期内，该企业的全体股东不得以自己的名义获取、拥有、转让被禁止企业所拥有的全部品种权，否则，违法实施的行为无效。

【第一百六十六条补充4】【禁止获取品种申请权令】承担被禁止获取品种权令的，同时承担禁止获取品种申请权令，即在被禁止期限内，不得获取、拥有、转让品种申请权，禁止的年限与禁止获取品种权令相同。

第一百六十七条　【禁止实施品种权令】本法中是指在被禁止期限内，被禁止者不得实施指定的保护品种。

【第一百六十七条补充1】【年限标准】本法中禁止实施品种权令的禁止年限为固定的3种年限，分别为：①10年；②20年；③30年。

【第一百六十七条补充2】【股东禁令】被禁止实施品种权令的主体是企业时，禁止令对全体股东有效，即在禁止令有效期内，该企业的全体股东不得以自己的名义实施被禁止实施的保护品种。

第一百六十八条　【禁止品种权异议令】本法中是指在被禁止期限内，被禁止者不得对任何品种权申请提出异议，也不得对任何品种权提出无效异议。

【第一百六十八条补充1】【年限标准】本法中禁止品种权异议令的禁止年限为固定的3种年限，分别为：①5年；②10年；③15年。

【第一百六十八条补充2】【股东禁令】被禁止品种权异议令的主体是企业时，在禁止令有效期限内，该企业的全体股东不得以自己的名义提出任何品种权申请异议或品种权无效异议。

第一百六十九条 【禁止从事职业令】本法中是指下列 4 项内容：①在被禁止期限内，被禁止者不得从事被禁止的行业工作；②被禁止者是个人的，自禁止令生效之日起，个人所拥有的从事该行业工作的个人资质证书无效；③被禁止者是单位的，自禁止令生效之日起，单位所拥有的经营资质证书无效；④个人资质证书或者单位资质证书无效的，应当在 3 个月内到资质证书发放或者管理部门办理注销手续。

【第一百六十九条补充】【年限标准】禁止从事职业令的年限为固定的 3 种年限，分别为：①10 年；②20 年；③30 年。

第一百七十条 【赔偿原则】本法中的赔偿原则包括下列 4 项内容：①实行惩罚性赔偿原则，根据侵权行为的性质和危害结果，应当在一般赔偿标准的基础上，实行加倍赔偿；②实行起点额制度，赔偿总额=起点额＋全部侵权损失额＋合适的诉讼费用；③实行全面赔偿的原则，全部侵权损失额＝被侵权人的直接损失＋被侵权人的间接损失＋受害第三方的损失＋社会公共利益的损失；④实际赔偿额应当大于全部侵权损失额的原则。

【第一百七十条补充1】【直接损失和间接损失】本法中的含义如下：①直接损失是指为了消除侵权行为造成的危害，恢复到侵害发生之前的状态所需要支付的全部费用；②间接损失是指如果不发生这一危害，被侵权人应当能够获得的收益。

【第一百七十条补充2】【合适的诉讼费用】本法中包括：①立案费；②交通费；③住宿费；④伙食补助费；⑤资料及翻译费；⑥鉴定

费；⑦公证费；⑧误工费；⑨合理的律师费；⑩专家辅助人员费用。

第一百七十一条 【起点额】①本法中是指侵权损害赔偿的起始赔偿金额；②起点额是一项独立的法定赔偿额，不受全部侵权损失额大小的影响，起点额的数额不得更改。

第一百七十二条 【法定起点额】本法中的法定起点额分为下列10个等级，每个序列号就是每个等级所在的等级号：①10万元；②30万元；③50万元；④80万元；⑤100万元；⑥150万元；⑦200万元；⑧250万元；⑨300万元；⑩400万元。

【**第一百七十二条补充**】【法定起点额的自动变更】本法生效后，当北京、上海、西安、重庆、广州5个城市的年度工资总平均额高于本法生效当年的总平均额10%以上时，起点额的数值自动按照相同的比例增长；下降幅度超过10%以上时，起点额的数值也自动按照相同的比例减少。

第一百七十三条 【侵权损失的计算顺序】侵权损失额，按照下列先后顺序进行计算：①被侵权人、受害第三方、社会公共利益所受的损失；②损失额难以确定的，计算侵权人获得的非法收益，以及受害第三方、社会公共利益所受的损失；③损失额及非法收益额都难以确定的，按照该保护品种，或者它们的相近品种的许可使用费的3倍进行计算，再加上受害第三方、社会公共利益所受的损失；④损失额、非法收益额、许可使用费均难以确定的，根据侵权行为的性质、情节、危害程度、危害后果、消除危害的费用及难度、产生的社会影响等因素进行综合考虑，在5万元以上，500万元以下确定一种相对合理的估算值，作为侵权损失额的参考值，这一估算值称为估算性侵权损失额，再加上受害第三方、社会公共利益所受的损失。

【第一百七十三条补充1】本法中把估算性侵权损失额区分为下列10个等级：

(1)【估算性侵权损失额的等级】本法中的估算性侵权损失额分为下列10个等级，每个序列号就是每个等级所在的等级号：①5万元；②15万元；③30万元；④50万元；⑤80万元；⑥100万元；⑦150万元；⑧200万元；⑨300万元；⑩500万元。

(2)【与起点额等级相对应的原则】本法中在特别法律责任中已经规定起点额的，如果需要确定一个估算性侵权损失额，所选择的估算性侵权损失额的等级数值应当与起点额所在的等级数值相同，或者高于起点额所在的等级数值，不得低于起点额所在的等级数值。

【第一百七十三条补充2】【不同等级的估算性侵权损失额的自动变更】本法生效后，当北京、上海、西安、重庆、广州5个城市的年度工资总平均额高于本法生效当年的总平均额10%以上时，估算性侵权损失额的数值自动按照相同的比例增长；下降幅度超过10%以上时，估算性侵权损失额的数值也自动按照相同的比例减少。

第一百七十四条 【计算赔偿损失的时间范围】本法中遵循下列期限原则进行计算：①计算范围从侵权行为发生之日起开始，到侵权行为结束之日时结束；②在临时保护期内，未经许可擅自实施申请品种的，从实施行为发生之日起开始计算，到品种权授权之日时结束；③在临时保护期内，实施行为发生日期难以确定的，从公开申请之日起计算，品种权授权后仍然继续实施的，到实际终止行为时为止；④实际结束日期难以确定的，到做出生效判决书时为止；⑤发生多项相互关联的侵权行为时，或者属于同一侵权系列的侵权行为时，起始日期以最先发生的侵权行为的开始日期计算，终止日期以最后发生的侵权行为的结束日期计算；⑥计算赔偿损失的期限范围不受诉讼时效范围的影响和约束。

第一百七十五条 【加重赔偿责任】本法中是指对于严重的侵权行为，侵权损失额在正常计算标准的基础上按照1~3倍进行加倍计算。

第一百七十六条 【严重侵权行为及其特别法律责任】本法中，严重侵权行为是指基于侵权行为的性质、次数、持续时间、危害程度、危害范围、损失程度、侵害对象、社会影响，以及恢复已经受到的侵害需要的社会总成本等综合因素进行判断，被认为已经构成严重危害的侵权行为。

【第一百七十六条补充】【严重侵权行为的特别法律责任】实施严重侵权行为的，承担下列特别法律责任：①禁止获取品种权令30年；②禁止实施品种权令30年；③禁止品种权异议令15年；④禁止从事实施侵权行为的行业工作20年；⑤个人起点额100万元，单位起点额200万元；在10年内累计侵犯过5项以上品种权的，或者侵害社会公共利益的，个人起点额150万元，单位起点额300万元；⑥承担加重赔偿责任；⑦危害十分严重，构成犯罪的，判处3年以上，10年以下有期徒刑；危害特别严重，造成特别重大恶劣影响的，判处10年以上有期徒刑、无期徒刑、死刑。

第一百七十七条 【动物品种的生产经营】本法中是指基于商业目的对动物品种实施的下列行为：①动物个体的饲养；②直接产品的生产加工；③动物个体和直接产品的销售、储存、运输、进口、出口；④协助实施的相关行为。

第十六章　一般性侵权行为及其侵权责任

第一节　一般性侵权行为的范围

第一百七十八条　【品种权的一般性侵权行为】本法中是指为了商业目的实施的下列3种行为：①未经授权实施保护品种的行为；②对保护品种实施加害的行为；③利用保护品种，或者被加害以后的保护品种对第三方或者社会公共利益实施的危害行为。

【第一百七十八条补充】【未经许可实施保护品种的行为】本法中，未经法定权利人许可，为了商业目的实施保护品种的，属于品种权侵权行为。

第一百七十九条　【对保护品种的实施行为】本法中是指为了商业目的对保护品种采取的下列5种行为：

（1）【育种阶段的实施行为】①利用已有的保护品种作为亲本或者育种材料进行育种；②把已有的保护品种作为亲本或者育种材料进行销售、赠予、出口、进口；③对已有的保护品种进行技术处理，如采用转基因技术、物理、化学、照射、放射、温度等进行处理。

（2）【繁育阶段的实施行为】①利用保护品种进行繁育；②把繁育出来的动物个体进行储存、销售、进口、出口；③在繁育中使用各类技术处理，以及使用各类添加剂、激素、药品、化学品、其他物品等行为。

（3）【养殖阶段的实施行为】养殖方式的选择、饲料的选择、养殖场所的选择、各类物品的使用、饲养管理措施的选择和实施、疾病的预防和治疗等行为。

④【直接产品生产加工的实施行为】①结束动物生命的方式、方法；②加工处理的方式、方法；③食品安全保障的措施等行为。

（5）【销售阶段的实施行为】动物个体或直接产品的储藏、运输、推广、销售、进口、出口，以及在销售阶段对动物个体或直接产品采取的各类技术处理行为。

【第一百七十九条补充】【实施行为必须标注出品种名称的原则】本法中，实施保护品种，必须在每一动物个体或者每一件直接产品中明确地标注出该申请品种的预设名称，或者该授权品种的品种名称，否则属于品种权侵权行为。

第一百八十条　【对保护品种的加害行为】本法中是指直接或者间接地对保护品种的动物个体或直接产品采取的下列2类行为：①把有害的基因、基因组、基因片段，或者有害的遗传材料，或者经过有害处理过的其他材料培育到动物品种中，使动物品种携带和遗传具有传染性和致病性的危害性遗传因子；②在繁育、饲养、直接产品生产加工、储存、运输和销售中，通过添加、喂养、使用有毒有害的饲料、添加剂、激素、药品、化学品，或者进行有害的技术处理，或者采用有毒有害的加工、储存、运输和销售方式，致使保护品种受到危害，并且使其自身具有社会危害性。

第一百八十一条 【利用保护品种实施的危害行为】①通过错误的诱导、刺激或者喂养，使得动物个体偏离正常的生活习性，产生一定的攻击性和危害性，侵权人故意鼓励或者放纵这类动物实施危害行为；②动物个体自身具有一定的攻击性和危害性，侵权人不按照保护品种的饲养标准进行饲养和管理，致使其产生危害行为；③侵权人通过对保护品种的动物个体或直接产品实施加害行为，然后借助动物个体和直接产品的传播和使用，对人类、其他生物和社会公共利益产生直接的、间接的、潜在的危害行为。

第二节 具体侵权行为及其特别法律责任

第一百八十二条 【侵犯品种名称权的行为及其特别法律责任】本法中是指下列2项内容：

（1）【侵犯品种名称权的侵权行为】本法中，侵犯品种名称权包含侵犯品种名称和侵犯预设名称两种行为，存在下列情形之一的，构成侵权行为：①违反品种名称权的禁止性规定，直接或者间接地实施禁止性行为的；②擅自修改预设名称或者品种名称的；③使用擅自修改后的名称的；③擅自把预设名称、或者与预设名称字音相似的名称，或者名称的拼音、外文翻译的内容在其他品种上使用的；④在保护品种上使用任意编造的名称的；⑤法定权利人在其他品种上使用任意编造的名称的；⑥擅自把预设名称，以及与它们的字音相同或者相似的名称、符号作为商号、商标、域名、商品名称、作品名称、装饰符号、包装装潢、标志等进行使用的。

(2)【特别法律责任】①制止危害的延续;②禁止获取品种权令30年;③禁止实施品种权令30年;④禁止品种权异议令15年;⑤禁止从事动物品种生产经营20年;⑥个人起点额100万元,单位起点额200万元;⑦适用加重赔偿责任;⑧没收全部侵权物。

第一百八十三条 【活体摘取的行为及其特别法律责任】本法中是指下列2项内容:

(1)【活体摘取的侵权行为】本法中是指在对动物品种自身存在危害的情况下,活体摘取保护品种动物个体的组织、器官、毛、皮,或者商业性抽取血液、体液等身体组成事物的行为。

(2)【特别法律责任】①制止危害的延续;②无害化消除危害物;③禁止生产、加工、销售摘取物及其产品;④禁止获取品种权令30年;⑤禁止实施品种权令30年;⑥禁止品种权异议令15年;⑦禁止从事动物品种生产经营30年;⑧个人起点额100万元,单位起点额300万元;⑨适用加重赔偿责任;⑩行政拘留10天以上;⑪没收全部摘取物;没收属于侵权人所有或者实际控制的全部动物个体。

第一百八十四条 【活体食用的行为及其特别法律责任】本法中是指下列2项内容:

(1)【活体食用的侵权行为】本法中是指对保护品种中的禽类和畜类动物个体,以及具有与人类有一定情感交流能力的水产类动物个体,实施活体生食、烤食、炖食,或者其他直接食用活体的行为。

(2)【特别法律责任】①禁止获取品种权令30年；②禁止实施品种权令30年；③禁止品种权异议令15年；④禁止从事动物品种生产经营，以及餐饮业30年；⑤行政拘留10天以上；⑥个人起点额100万元，单位起点额300万元；⑦适用加重赔偿责任；⑧没收属于侵权人所有或者实际控制的全部动物个体。

第一百八十五条 【采用残忍方式结束生命的行为及其特别法律责任】本法中是指下列2项内容：

(1)【采用残忍方式结束生命的侵权行为】本法中是指对保护品种实施的下列4类行为：①用残忍或者明显增加痛苦的手段结束动物个体的生命；②在幼体面前结束母体的生命；③在母体面前结束幼体的生命；④在哺乳期内，结束母体或者幼体的生命。

(2)【特别法律责任】①制止危害的延续；②无害化消除危害物；③禁止获取品种权令30年；④禁止实施品种权令30年；⑤禁止品种权异议令15年；⑥禁止从事动物品种生产经营，以及商业性利用幼体的行业活动30年；⑦个人起点额100万元，单位起点额200万元；⑧适用加重赔偿责任；⑨行政拘留10天以上；⑩没收属于侵权人所有或者实际控制的全部动物个体。

【第一百八十五条补充】【幼体】本法中是指在自然养殖条件下，自身还不能独立生活和生存的动物个体。

第一百八十六条 【变态折磨的行为及其特别法律责任】本法中是指下列2项内容：

(1)【变态折磨的侵权行为】本法中是指出于管理或者惩罚目的，

对保护品种的动物个体实施严重的拷打、捆绑、吊挂、身体伤害，或者实施饥饿、干渴、寒冻、暴晒、水淹、火烤，或者纵容其他动物进行撕咬等手段进行折磨的行为。

（2）【特别法律责任】①禁止获取品种权令20年；②禁止实施品种权令20年；③禁止品种权异议令15年；④禁止从事动物品种生产经营20年；⑤个人起点额80万元，单位起点额100万元；⑥适用加重赔偿责任；⑦没收属于侵权人所有或者实际控制的全部动物个体。

第一百八十七条 【遗弃的行为及其特别法律责任】本法中是指下列2项内容：

（1）【遗弃的侵权行为】本法中是指规模化遗弃保护品种动物个体的老弱病残者，或者它们的部分躯体、组织、器官、尸体，以及直接产品的行为。

（2）【特别法律责任】①制止危害的延续；②无害化消除危害物；③禁止获取品种权令20年；④禁止实施品种权令20年；⑤禁止品种权异议令15年；⑥禁止从事动物品种生产经营20年；⑦个人起点额50万元，单位起点额100万元；⑧适用加重赔偿责任；⑨行政拘留10天以上；⑩没收属于侵权人所有或者实际控制的全部动物个体。

【第一百八十七条补充】【规模化遗弃】本法中是指累计遗弃畜类保护品种的动物个体数量在10头以上，或者禽类在50只以上，或者水生类的水域面积在5亩以上，或者遗弃的直接产品在50公斤以上，或者遗弃的灵长类动物或者国家遗传资源类动物在2只（头）以上。

第一百八十八条 【擅自用作毒害性试验的行为其及特别法律责

任】本法中是指下列2项内容：

（1）【擅自用作毒害性试验的侵权行为】本法中是指擅自把保护品种的动物个体直接用作病理、药物、毒性、武器研究，或者其他目的的毒害性试验（实验）的行为。

（2）【特别法律责任】①制止危害的延续；②无害化消除危害物；③禁止获取品种权令30年；④禁止实施品种权令30年；⑤禁止品种权异议令15年；⑥禁止从事动物品种生产经营30年；⑦个人起点额200万元，单位起点额400万元；⑧适用加重赔偿责任；⑨行政拘留10天以上；⑩没收属于侵权人所有或者实际控制的全部动物个体。

第一百八十九条 【危害性饲养的行为及其特别法律责任】本法中是指下列2项内容：

（1）【危害性饲养的侵权行为】本法中是指为了追求商业目的，超越保护品种合适的地域范围进行饲养；或者违背养殖标准进行饲养；特别是实施下列情形的行为：①夜晚对动物个体实施有害的照明；②实施有害的放射性照射；③进行有害的温度处理；④进行有害的化学物质处理；⑤喂养各种有害的饲料、激素、药品、添加剂、化学品等；⑥不进行合理的疾病预防，或者不进行合理的疾病治疗；⑦不进行无害化处理；⑧使用有害方式进行运输或存储；⑨饲养的环境、场所、方式、方法、动物的组合搭配等严重不适合动物正常的生存、生长、发育和繁殖。

（2）【特别法律责任】①制止危害的延续；②无害化消除危害物；③禁止获取品种权令30年；④禁止实施品种权令30年；⑤禁止品种权

异议令15年；⑥禁止从事动物品种生产经营30年；⑦个人起点额200万元，单位起点额400万元；⑧适用加重赔偿责任；⑨没收属于侵权人所有或者实际控制的全部动物个体。

第一百九十条　【侵犯品种修改权的行为及其特别法律责任】本法中是指下列2项内容：

（1）【侵犯品种修改权的侵权行为】本法中是指下列侵权行为：①为了商业目的擅自实施品种修改权的行为；②擅自对申请品种实施品种修改权中包含的行为。

（2）【特别法律责任】①禁止获取品种权令20年；②禁止实施品种权令20年；③禁止品种权异议令5年；④个人起点额50万元，单位起点额100万元；⑤没收全部侵犯品种修改权的动物个体及直接产品。

第一百九十一条　【侵犯保护品种完整权的行为及其特别法律责任】本法中是指下列2项内容：

（1）【侵犯保护品种完整权的侵权行为】本法中是指下列侵权行为：①实施保护品种完整权中禁止实施的行为；②对申请品种实施保护品种完整权中禁止实施的行为。

（2）【特别法律责任】①禁止获取品种权令30年；②禁止实施品种权令30年；③禁止品种权异议令15年；④个人起点额100万元，单位起点额200万元；⑤适用加重赔偿责任；⑥没收全部侵犯保护品种完整权的动物个体或直接产品。

第一百九十二条　【侵犯品种探视权的行为及其特别法律责任】本法中是指下列2项内容：

（1）【侵犯品种探视权的侵权行为】本法中是指下列侵权行为：①无正当理由阻止育种者、法定权利人行使品种探视权；②对法定权利人提供有关动物品种的虚假信息和资料的行为。

（2）【特别法律责任】1年内累计2次阻止权利人行使探视权，或者提供1次虚假资料的，承担下列侵权责任：①禁止获取品种权令10年；②禁止品种权异议令5年；③个人起点额10万元，单位起点额50万元；④情节严重的，行政拘留5天以上。

第一百九十三条　【侵犯品种使用权的行为及其特别法律责任】本法中是指下列2项内容：

（1）【侵犯品种使用权的侵权行为】本法中是指为了商业目的实施的下列2种侵权行为：①未经品种权人的许可，擅自实施使用权的行为；②未经申请品种保护权人的许可，擅自对申请品种实施使用权中所包含的行为。

（2）【特别法律责任】①禁止获取品种权令20年；②禁止实施品种权令20年；③禁止品种权异议令15年；④禁止从事动物品种生产经营20年；⑤个人起点额100万元，单位起点额200万元；⑥适用加重赔偿责任；⑦没收全部侵权物。

第一百九十四条　【侵犯选育其他品种权的行为及其特别法律责任】本法中是指下列2项内容：

（1）【侵犯培育其他品种权的侵权行为】本法中是指下列2种行为：①未经品种权人的许可，擅自实施选育其他品种权的行为；②未经申请品种保护权人的许可，擅自对申请品种实施选育其他品种权中所包含的行为。

(2)【特别法律责任】①禁止获取品种权令30年；②禁止实施品种权令30年；③禁止品种权异议令15年；④禁止从事动物品种生产经营30年；⑤个人起点额200万元，单位起点额400万元；⑥适用加重赔偿责任；⑦没收全部侵权物。

第一百九十五条 【侵犯育种方法权的行为及其特别法律责任】本法中是指下列2项内容：

(1)【侵犯育种方法权的侵权行为】本法中是指下列2种行为：①未经品种权人的许可，擅自实施育种方法权的行为；②未经申请品种保护权人的许可，擅自对申请品种实施育种方法权中所包含的行为。

(2)【特别法律责任】①禁止获取品种权令30年；②禁止实施品种权令30年；③禁止品种权异议令15年；④禁止从事动物品种生产经营30年；⑤个人起点额200万元，单位起点额400万元；⑥适用加重赔偿责任；⑦没收全部侵权物。

第十七章　特殊性侵权行为及其侵权责任

第一百九十六条　【与许可使用合同相关的侵权行为及其特别法律责任】本法中是指下列2项内容：

（1）【与许可使用合同相关的侵权行为】下列情形属于侵权行为：①超越合同中约定的期限或者范围进行的实施；②合同签署后还未生效前进行的实施；③被许可人擅自许可他人进行的实施；④伪造许可使用合同、许可使用授权书；⑤利用伪造的许可使用合同、许可使用授权书进行的实施；⑥经品种权人催促，逾期3个月未足额支付许可使用费，仍然继续进行的实施。

（2）【特别法律责任】①禁止获取品种权令10年；②禁止实施品种权令20年；③禁止品种权异议令15年；④个人起点额80万元，单位起点额150万元。

【第一百九十六条补充1】【伪造转让合同的侵权行为及其特别法律责任】本法中的下列情形属于侵权行为：①伪造法定权利的转让合同；②利用伪造的转让合同进行的实施；③承担与许可使用合同相关的侵权行为的特别法律责任。

【第一百九十六条补充2】【许可使用合同的范围】本法中的许可使用合同，包括申请品种保护权和品种权两类许可使用合同，统称为法定权利的许可使用合同。

第一百九十七条 【间接性的品种权侵权行为】本法中是指对保护品种实施的下列11种行为：

（1）【提交虚假材料进行异议的行为】①对品种权申请提出申请异议的行为；②对品种权提出无效异议的行为。

（2）【恶意地提出管辖权异议的行为】在品种权纠纷诉讼中，以拖延诉讼或阻碍他人实现诉讼请求为目的，在无正当理由和合理证据的情况下故意提起管辖权异议的行为。

（3）【参与品种权工作的特别人员实施的行为】政府机关或者司法机关的工作人员、辅助人员，参与品种权工作的其他公职人员，鉴定机构或者公证机关的工作人员，政府机关和司法机关聘请的专家人员，对案件作证的证人，在品种权申请、授予、监督管理、复审、无效异议、侵权认定及纠纷处理中，故意违背事实出具法律文书、专家意见、证据材料的行为。

（4）【生产销售危害性商品的行为】生产或者销售对保护品种具有危害性的饲料、添加剂、药品、化学品、仪器设备和其他商品的行为。

（5）【生产经营致害性生物及产品的行为】生产经营的动物、植物、微生物及其产品，因其自身的生活习性，或者其携带的遗传因子，或者其携带的病源或疾病，在正常情况下就能够危害或感染保护品种。

（6）【制造危害性病源的行为】研究和制造能够感染和侵害保护品种的有害病菌、病毒、其他有害微生物、致病性遗传基因，或者其他有害性病源的行为。

（7）【破坏或污染生存环境的行为】破坏或者污染保护品种的生存

环境和生活条件,包括棚圈、基础设施、基本的药品和设备、土壤、空气、水源、光照、通风等行为。

(8)【恶意误导的行为】①设计、传播、传授对动物个体的饲养,直接产品的生产加工和销售存在危害的理念、信息、方式、方法的行为;②诱导、误导、纵容他人错误地理解,或者故意地违背育种标准、种群标准、养殖标准、合适的地域范围、合法的育种资源的规定进行育种和开展其他生产经营活动的行为。

(9)【引进危害性生物的行为】引进或者释放对保护品种具有危害性的物种的行为。

(10)【对侵权行为提供协助和其他便利条件的行为】①协助侵权人实施侵权行为,或者协助侵权危害的发生、延续、扩大的行为。②为侵权行为提供资金、发票、账号、经营资质、市场专门信息,或者提供运输、仓储等便利条件的行为。

(11)【品种自身存在的缺陷】由于保护品种自身存在的缺陷,可能导致一些危害的发生。

第一百九十八条 【间接性品种权侵权行为的特别法律责任】本法中是指下列7项内容:

(1)【恶意地对法定权利提出异议的特别法律责任】①禁止获取品种权令20年;②禁止实施品种权令20年;③禁止品种权异议令15年;④禁止从事动物品种生产经营20年;⑤个人起点额100万元,单位起点额200万元;⑥适用加重赔偿责任。

(2)【恶意地对管辖权提出异议的特别法律责任】①禁止获取品种

权令20年;②禁止实施品种权令20年;③禁止品种权异议令15年;④禁止从事动物品种生产经营20年;⑤个人起点额50万元,单位起点额100万元;⑥适用加重赔偿责任。

(3)【参与品种权工作的特别人员的特别法律责任】①禁止获取品种权令10年以上;②禁止实施品种权令10年以上;③禁止品种权异议令15年;④个人起点额50万元,单位起点额100万元;⑤禁止从事实施侵权行为的行业工作10年以上;⑥与其他侵权人承担连带责任。

(4)【教唆、误导、纵容者的特别法律责任】①禁止获取品种权令10年以上;②禁止实施品种权令10年以上;③禁止品种权异议令15年;④个人起点额80万元,单位起点额150万元;⑤禁止从事实施侵权行为的行业工作10年以上;⑥与其他侵权人承担连带责任。

(5)【保护品种自身缺陷的特别法律责任】承担责任的主体可以为育种者、法定权利人、动物个体的饲养者、直接产品的生产加工者、销售者,具体责任为:①禁止获取品种权令10年以上;②禁止实施品种权令10年以上;③禁止品种权异议令5年;④个人起点额50万元,单位起点额100万元;⑤禁止从事动物品种生产经营10年以上;⑥没收全部缺陷性动物个体和直接产品。

(6)【为侵权行为提供帮助或其他便利行为的特别法律责任】①制止危害的延续;②无害化消除危害物;③禁止获取品种权令10年;④禁止实施品种权令10年;⑤禁止品种权异议令5年;⑥禁止从事动物品种生产经营10年;⑦禁止从事实施侵权行为的行业工作10年;⑧个人起点额50万元,单位起点额100万元;⑨没收非法所得和全部侵权物。

(7)【其他间接侵权行为的特别法律责任】包括生产销售危害性商品的行为、生产经营致害性生物及产品的行为、制造危害性病源的行为、破坏或污染生存环境的行为、引进危害性生物的行为，具体的特别法律责任为：①制止危害的延续；②无害化消除危害物；③禁止获取品种权令30年；④禁止实施品种权令30年；⑤禁止品种权异议令15年；⑥禁止从事动物品种生产经营30年；⑦禁止从事实施侵权行为的行业工作30年；⑧个人起点额200万元，单位起点额400万元；⑨适用加重赔偿责任；⑩行政拘留10天以上，构成犯罪的承担刑事责任；⑪没收全部非法所得，销毁全部危害物。

【第一百九十八条补充】【保护品种的缺陷】 本法中是指保护品种的下列缺陷：①由于育种的过错，导致动物个体自身存在遗传性缺陷，包括生理性缺陷、携带显性或者隐性遗传性疾病、存在易感病性遗传基因等；②由于饲养的过错，导致动物个体产生生理性、病理性和其他遗传特征的变化、变异、病变或缺陷；③由于生产加工、销售、运输或者储藏的过错，导致直接产品存在病理性和其他遗传特征的变化、变异、病变或缺陷。

第一百九十九条 【法定权利人实施侵权行为的特别法律责任】 本法中是指法定权利人和被许可人实施品种权侵权行为，承担下列特别法律责任：①禁止获取品种权令30年；②禁止实施品种权令30年；③禁止品种权异议令15年；④禁止从事动物品种生产经营30年；⑤个人起点额150万元，单位起点额300万元；⑥适用加重赔偿责任；⑦行政拘留10天以上；⑧没收全部侵权物。

第二百条 【法定权利人未履行维权义务的特别法律责任】本法中是指法定权利人和被许可人未履行维权义务，构成特别侵权行为时，承担下列特别法律责任：

(1)【放任侵权的特别法律责任】①停止侵权，立即开展维权工作，积极参加和配合他人已经开展的维权工作，为维权工作提供所需的文件资料和证据材料；②禁止品种权异议令10年；③个人起点额30万元，单位起点额80万元；④另外承担全部侵权损失额10%的非连带赔偿责任。

(2)【故意放纵侵权的特别法律责任】①停止侵权，立即开展维权工作，积极参加和配合他人已经开展的维权工作，为维权工作提供所需的文件资料和证据材料；②禁止获取品种权令10年以上；③禁止实施品种权令10年以上；④禁止品种权异议令5年；⑤个人起点额50万元，单位起点额100万元；⑥另外承担全部侵权损失额20%的非连带赔偿责任。

第二百零一条 【提交虚假材料获得品种权的特别法律责任】①禁止获取品种权令30年；②禁止实施品种权令30年；③禁止品种权异议令15年；④禁止从事动物品种生产经营30年；⑤个人起点额150万元，单位起点额300万元；⑥适用加重赔偿责任。

第二百零二条 【共有人侵权的特别法律责任】本法中是指法定权利的共有人，实施下列行为时应当承担的特别法律责任：

(1)【共有人的侵权行为】下列情形属于共有人实施的侵权行为：①全部共有人，或者部分共有人，对自己的法定权利，或者他人的法定权利实施的侵权行为；②未经全体一致同意，部分共有人擅自许可他人对保护品种实施排他性许可或者独占性许可的行为，或者擅自对外转让法定权利的行为。

(2)【特别法律责任】①全体共有人实施侵权的，作为共同侵权人承担连带责任；②只有部分共有人实施侵权的，只有行为实施者承担侵权责任；③侵权者承担法定权利人侵权的特别法律责任。

第二百零三条　【善意性的侵权者免除赔偿责任】本法中是指基于保护品种实施的下列行为和应当承担的法律责任：

(1)【构成善意性的侵权者的条件】保护品种的生产经营者通过合法的途径及合理的市场价格购进了动物个体或者直接产品进行生产经营，在其不知道所购买的动物个体或者直接产品处于侵权的情况下，如果能够提供出合理的购买证据，就构成善意性的侵权者；善意性的侵权者对自己生产经营侵权物的行为不承担赔偿责任，只承担其他侵权责任。

(2)【销售和出口的条件】善意性的侵权者销售或者出口自己生产经营的侵权物时，应当与法定权利人签订许可使用协议，支付许可使用费；该许可使用费应当由向善意性的侵权者提供侵权物的供应者承担。

(3)【侵权物供应者的责任】法定权利人向善意性的侵权者追究侵权责任的，善意性的侵权者应当向法定权利人提供供应者的基本信息，包括名称、地址和联系方式，以及提供侵权物的时间、类别、价格和数量，法定权利人应当把供应者列为共同侵权人；供应者再提供出向其提供侵权物的另一供应者的，一并列为共同侵权人。

第十八章　对社会公共利益及第三方的危害及责任

第二百零四条　【侵害消费者利益的特别法律责任】利用保护品种的动物个体或直接产品侵犯消费者利益的，承担下列特别法律责任：①制止危害的延续；②无害化消除危害物；③禁止获取品种权令20年；④禁止实施品种权令20年；⑤禁止品种权异议令15年；⑥禁止从事动物品种生产经营20年；⑦个人起点额80万元，单位起点额150万元；⑧适用加重赔偿责任；⑨没收全部侵权物。

【第二百零四条补充】【消费者利益】本法中与保护品种相关的消费者利益包括下列事项：①身体健康产生的利益；②精神健康产生的利益；③财产无损失；④食品无危害；⑤环境无污染；⑥生活品质不断得以提高；⑦能够保障和实现合理预期的正常生活。

第二百零五条　【侵害合法生产经营者的特别法律责任】实施保护品种导致合法的生产经营者遭受侵害的，侵权人承担下列特别法律责任：①制止危害的延续；②无害化消除危害物；③禁止获取品种权令20年；④禁止实施品种权令20年；⑤禁止品种权异议令15年；⑥禁止从事动物品种生产经营20年，禁止从事实施侵权行为的行业工作20年；⑦个人起点额80万元，单位起点额150万元；⑧适用加重赔偿责任；⑨没收全部侵权物。

第二百零六条 【侵害无辜第三人的特别法律责任】实施保护品种侵害无辜第三人的，侵权人承担下列特别法律责任：①制止危害的延续；②无害化消除危害物；③禁止获取品种权令15年以上；④禁止实施品种权令15年以上；⑤禁止品种权异议令10年以上；⑥禁止从事动物品种生产经营10年以上，禁止从事实施侵权行为的行业工作10年以上；⑦个人起点额50万元，单位起点额100万元；⑧适用加重赔偿责任；⑨造成人身伤害的，按照故意伤害罪惩处；⑩没收全部侵权物。

第二百零七条 【侵害环境的特别法律责任】实施保护品种致使环境遭受侵害的，侵权人承担下列特别法律责任：①制止危害的延续；②无害化消除危害物；③禁止获取品种权令20年；④禁止实施品种权令20年；⑤禁止品种权异议令15年；⑥禁止从事动物品种生产经营20年，禁止从事实施侵权行为的行业工作20年；⑦个人起点额100万元，单位起点额200万元；⑧适用加重赔偿责任；⑨没收全部侵权物。

第二百零八条 【侵害社会伦理道德的行为】利用保护品种实施的下列行为，属于侵害社会伦理道德的侵权行为：①利用人类的遗传材料培育其他生物或者生物材料的，以治疗人类或者其他生物的疾病为目的的除外；②培育丑陋、怪异，又无特定社会价值的生物的；③培育的生物、生物材料能够导致已有生物发生退化、异化、病变或变质的。

第二百零九条 【侵害社会伦理道德的特别法律责任】①制止危害的延续；②无害化消除危害物；③禁止获取品种权令20年以上；④禁止实施品种权令20年以上；⑤禁止品种权异议令10年以上；⑥禁止从事动物品种生产经营20年以上，禁止从事实施侵权行为的行业工作20年以上；⑦个人起点额80万元，单位起点额150万元；⑧适用加重赔偿责任；⑨没收全部侵权物。

第二百一十条　【侵害生物多样性的行为】利用保护品种所实施的行为，或者为了培育和生产经营保护品种所实施的行为，或者危害保护品种以后所导致的行为，或者教唆、纵容、放任、协助与保护品种相关的行为，导致下列情形之一发生的，属于侵害生物多样性的侵权行为：①某一物种的个体数量明显地减少，或者存在濒危甚至灭亡的威胁；②某一物种的生境明显地恶化，已经或者即将影响到物种的正常生存；③某一物种的遗传特征出现明显的退化、变异、病变；④某一物种的生存和繁殖受到干扰或者破坏；⑤某一物种的种群数量或分布出现明显的减少或者缩减；⑥不同的物种之间，同一物种的不同种群之间，不同物种的种群相互之间，原有的相互依存和相互制约的关系受到干扰或者破坏；⑦在一定区域内长期存在和分布的特定种群的生存和延续受到威胁。

第二百一十一条　【侵害生物多样性的特别法律责任】①制止危害的延续；②无害化消除危害物；③禁止获取品种权令30年；④禁止实施品种权令30年；⑤禁止品种权异议令15年；⑥禁止从事动物品种生产经营30年，禁止从事实施侵权行为的行业工作30年；⑦个人起点额100万元，单位起点额300万元；⑧适用加重赔偿责任；⑨承担恢复受到损害的生物多样性所需要的全部费用，给他人造成损失的，再赔偿造成的全部损失；⑩没收全部侵权物。

第二百一十二条　【侵害国家遗传资源的行为】利用保护品种所实

施的行为，或者为了培育和生产经营保护品种所实施的行为，或者危害保护品种以后所导致的行为，或者教唆、纵容、放任、协助与保护品种相关的行为，导致国家遗传资源发生下列情形之一的，属于侵害国家遗传资源的行为：①属于国家遗传资源的某一物种的个体数量明显地减少，或者存在濒危甚至灭亡的威胁；②属于国家遗传资源的某一物种的生境明显地恶化；③属于国家遗传资源的某一物种的遗传特征明显地退化、变异、病变，优良性能出现减弱甚至消失；④属于国家遗传资源的某一物种的生存、繁殖、遗传功能受到干扰或破坏；⑤属于国家遗传资源的某一物种的种群数量或分布出现明显的减少或者缩减；⑥属于国家遗传资源的物种遭受其他物种的侵袭和破坏；⑦属于国家遗传资源的物种遭受外来遗传因子的侵蚀，使其所具有的遗传基因或基因组的纯净度或遗传功能受到影响或破坏；⑧属于国家遗传资源的物种遭受外来疾病、新型疾病或者奇特性疾病的侵害。

第二百一十三条 【侵害国家遗传资源的特别法律责任】①制止危害的延续；②无害化消除危害物；③禁止获取品种权令30年；④禁止实施品种权令30年；⑤禁止品种权异议令15年；⑥禁止从事动物品种生产经营30年，禁止从事实施侵权行为的行业工作30年；⑦个人起点额150万元，单位起点额300万元；⑧适用加重赔偿责任；⑨承担恢复被侵害的国家遗传资源，或者实施必要的保护措施所需要的全部费用，给他人造成损失的，再赔偿造成的全部损失；⑩没收全部侵权物。

第二百一十四条 【培育危害社会公共利益的有害生物的特别法律责任】在5代以内利用保护品种作为亲本或者遗传材料，培育对人类、其他生物、其他社会公共利益存在直接的、间接的、潜在的危害性生物的，承担下列特别法律责任：①制止危害的延续；②无害化消除危害物；③禁止获取品种权令30年；④禁止实施品种权令30年；⑤禁止品种权异议令15年；⑥禁止从事动物品种生产经营30年；⑦个人起点额200万元，单位起点额400万元；⑧适用加重赔偿责任；⑨造成人身伤害的，按照故意伤害罪惩处；⑩没收所培育的全部生物。

第十九章　不视为侵权的行为

第二百一十五条　【不视为侵权的行为】本法中是指下列5项内容：

（1）【在先使用的豁免】在品种权申请日1周年以前已经培育出与保护品种相同的品种，并且已经做好了对动物个体进行培育、繁殖、饲养、销售，对直接产品进行生产加工和销售准备的，在原有规模上进行这类生产经营活动的，不视为侵权。

（2）【合法销售后的再销售豁免】已经被合法地销售或者进口的保护品种，他人购买这些品种以后再进行销售的，不视为侵权。

（3）【单纯科学研究的豁免】以单纯的学术研究为目的，利用通过合法途径获得的保护品种进行研究，研究成果不进行其他商业性活动的，不视为侵权；利用保护品种培育其他动物品种的研究除外。

（4）【农户自用的豁免】农户利用合法方式获得保护品种，为了家庭生活或者生产的需要，对动物个体进行繁育和养殖，对直接产品进行生产和加工，然后销售或者出口自己所获得的动物个体或直接产品的，不视为侵权。

（5）【个人非商业性使用的豁免】个人出于欣赏、陪伴、增加生活乐趣或者弥补自身生理缺陷的需要，对通过合法途径获得的保护品种的动物个体进行繁育、养殖、销售的，不视为侵权。

第二百一十六条　【农户额外的优惠原则】本法中是指下列2项

内容：

（1）【委托合同及其救济】在不知情的情况下，农户依据委托合同为侵权者繁育或者养殖侵权动物个体，或者生产加工侵权直接产品的，不承担侵权责任；在侵权案件诉讼中，人民法院应当通知农户作为诉讼第三人参加诉讼，对农户基于委托合同应当获得的劳动报酬一并审理，农户的劳动报酬不受委托合同是否有效以及侵权行为是否存在的影响，农户应当获得的全部劳动报酬，人民法院应当判决侵权人在支付赔偿金之前优先全部支付。

（2）【免除许可使用费】在不知情的情况下，农户以正常的渠道及合适的价格购买了实际侵权的动物个体或直接产品，自己进行饲养、繁殖、销售或者出口的，不视为侵权行为；当被告知侵权后，需要对自己饲养或者繁殖的动物个体继续进行饲养、销售、出口的，或者利用已经购买的直接产品进行新的生产经营的，或者利用自己饲养的动物个体生产加工为直接产品，并进行销售、出口的，都无须支付许可使用费，也都不视为侵权行为，但是不得再扩大生产经营的规模。

第七篇　品种权的保护

第二十章　品种权的司法保护

第一节　品种权侵权诉讼的一般原则

第二百一十七条　【侵权诉讼中的原告】本法中,品种权侵权诉讼的原告包括下列主体:

(1)【侵犯品种申请权纠纷的原告】①育种者;②育种单位;③合法的品种权申请人;④国家监督管理机关。

(2)【侵犯申请品种保护权纠纷的原告】①申请品种保护权人;②被许可人;③国家监督管理机关。

(3)【侵犯品种权纠纷的原告】①品种权人;②被许可人;③国家监督管理机关。

(4)【侵犯社会公共利益纠纷的原告】①申请品种保护权人；②品种权人；③被许可人；④受害第三方；⑤国家监督管理机关；⑥有证据能够证明这种危害的发生与保护品种存在关联的中国公民和单位。

【第二百一十七条补充】【受害第三方】本法中的受害第三方是指下列主体：①消费者，包括购买商品的消费者和获得赠予的消费者；②合法的生产经营者；③无辜受到侵害的第三人。

第二百一十八条【侵权诉讼中的被告】本法中品种权侵权诉讼的被告包括下列主体：

(1)【一般性的被告】①直接实施侵权行为的侵权人；②为侵权行为或者危害结果的扩大提供帮助，或者提供便利条件的间接侵权人。

(2)【特别侵权的被告】本法中是指未履行维权责任的下列主体：①法定权利人；②被许可人；③侵权行为发生地和危害结果发生地的地方政府主管部门。

第二百一十九条 【侵权诉讼中的诉讼第三人】本法中，在他人已经提起的侵权诉讼中，申请加入该诉讼，或者被追加为当事人的下列主体可以作为诉讼第三人：①法定权利人；②被许可人；③受害第三方；④国家监督管理机关；⑤危害社会公共利益时，除了上述主体以外，有证据能够证明这种危害的发生与保护品种存在关联的中国公民和单位。

第二百二十条 【侵权诉讼的原则】本法中品种权侵权诉讼应当遵循下列原则：

(1)【必须参加诉讼的原则】①在申请阶段，申请品种保护权人、侵权行为发生地和危害结果发生地的被许可人、独占性许可和排他性许可的被许可人必须参加诉讼；②在授权以后，品种权人、侵权行为发生地和危害结果发生地的被许可人、独占性许可和排他性许可的被许可人必须参加诉讼。

（2）【损失必须赔偿的原则】侵权行为造成的直接的、间接的、潜在的损失，侵权人都必须全部赔偿。

（3）【长期禁止侵权行为的原则】①侵权人所实施的具体侵权行为必须立即禁止；②同一侵权人实施同类侵权行为的机会和可能性必须长期消除。

（4）【保障被侵害者诉权的原则】侵权行为的直接和间接受害人都有权利作为原告提起侵权诉讼，或者参加他人已经提起的侵权诉讼，任何人都不得阻止或干扰，否则，构成特别侵权行为，应当被列为该侵权诉讼的特别被告，承担故意放纵侵权的特别侵权责任。

第二百二十一条 【不同当事人在品种权侵权诉讼中应得的赔偿份额】本法中，不同的诉讼主体应得的损害赔偿份额不同，具体分为下列4种类型：

（1）【法定权利人作为原告的诉讼】①法定权利人单独作为原告的，损害赔偿全部属于法定权利人；②法定权利人与被许可人作为共同原告，或者被许可人作为诉讼第三人的，损害赔偿的分配比例双方有合同约定的从约定，没有合同约定的，70%属于法定权利人，30%属于被许可人；③有多位原告或者多位被许可人共同参加诉讼的，原告相互之间，或者被许可人相互之间的分配比例有合同约定的从约定，没有约定的按照等额分配。

(2)【法定权利人作为第三人参加的诉讼】损害赔偿的分配比例与原告有合同约定的从约定，没有约定的，30%属于法定权利人，70%属于原告；同时存在多个原告的，相互之间有合同约定的从约定，没有合同约定的按照等额分配。

(3)【法定权利人与受害第三方作为共同原告的诉讼】①对于法定权利人的损害赔偿全部属于法定权利人，对于受害第三方的损害赔偿全部属于受害第三方；②双方就损害赔偿的分配有约定的从约定，但是，获得对方的赔偿额不能超过对方赔偿总额的50%。

(4)【保护社会公共利益获得的损害赔偿】①由国家监督管理机关作为单独原告提起的诉讼，无诉讼第三人参加的，损害赔偿全部属于政府所有；②由国家监督管理机关与其他诉讼主体作为共同原告提起的诉讼，损害赔偿按照各得50%的比例进行分配；在同一诉讼中，除了共同原告之外，还有诉讼第三人参加诉讼的，国家监督管理机关所得的50%的比例保持不变，原告与诉讼第三人之间有合同约定的从约定，没有合同约定的按照等额分配；③国家监督管理机关未参加诉讼的获得20%的损害赔偿，80%的损害赔偿属于其他诉讼主体。

【第二百二十一条补充】【社会公共利益损害赔偿的使用】本法中对社会公共利益损害赔偿的使用规定如下：①国家监督管理机关所得的损害赔偿全部用于恢复和保护受到危害的社会公共利益；②其他诉讼主体所得的全部损害赔偿的80%提交给侵权危害发生地的当地政府主管部门用于恢复和保护受到危害的社会公共利益，该赔偿金直接由人民法院从应得的赔偿金中扣除，直接支付给当地政府主管部门。

第二百二十二条 【不同诉讼主体享有平等的诉权】在品种权侵权诉讼中，本法中的合法诉讼主体之间享有平等的诉讼权利，都有权利作为单独原告或者共同原告起诉，或者作为诉讼第三人参加他人已经提起的诉讼，任何人不得干涉这一诉权。

第二百二十三条 【法定权利人与被许可人之间的诉讼权利义务】①在品种权侵权诉讼中，法定权利人与被许可人之间、不同被许可人之间，享有平等的诉权，相互之间不得干扰或者阻碍诉权的行使；②法定权利人提起侵权诉讼后，被许可人申请参加的，法定权利人应当同意，可以列为共同原告，也可以列为诉讼第三人，由法定权利人决定；③法定权利人要求被许可人提起侵权诉讼的，被许可人应当提起侵权诉讼；④被许可人请求法定权利人提起侵权诉讼的，法定权利人应当提起侵权诉讼；⑤被许可人提起侵权诉讼后，法定权利人申请参加的，被许可人应当同意，可以列为共同原告，也可以列为诉讼第三人，由被许可人决定；⑥应当起诉或者参加诉讼而未实施的，构成特别侵权行为。

第二百二十四条 【提供知情权信息的责任】本法中，应当提供有关保护品种的下列信息和内容：

（1）【知情权涉及的基本事项】①育种阶段的事项：使用的育种技术、5代以内的亲本及其他育种材料，这些技术和材料的来源，使用它们的目的、作用和合理性，它们对人类、其他动物、其他社会公共利益的安全性，以及可能存在的直接的、间接的、潜在的危害及风险；②在动物饲养、直接产品的生产加工、销售阶段的事项：生产经营者的基本信息，使用饲料的信息，使用添加剂、药品、化学品、生物制剂、技术措施的信息，包括名称、种类、来源、成分、作用、目的、副作用、安全性、合理性，以及存在的危害及风险。

（2）【提供真实信息的义务】侵权行为发生后，法定权利人、被许可人、侵权人应当向当地政府主管部门、被侵权人、受害第三方，以及受理侵权诉讼的司法机关提供知情权中的全部真实信息；当请求提供上述信息时，被请求方应当在15日内提供全部真实的信息，否则，构成特别侵权行为。

第二节 品种权争议案件的一般规定

第二百二十五条 【品种权争议案件的范围】本法中，凡是涉及保护品种的案件都属于品种权争议案件，应当按照品种权争议案件的管辖原则受理；品种权争议案件的一审法院为各省、自治区、直辖市人民政府所在地的中级人民法院，或者具有管辖权的专门的知识产权法院。

第二百二十六条 【品种权争议案件的管辖】品种权争议案件，原告可以选择下列任一人民法院起诉：①原告住所地；②原告经营所在地；③被告住所地；④被告经营所在地；⑤侵权行为发生地；⑥危害结果发生地。

第二百二十七条 【同一侵权系列案件的统一管辖】本法中，同一侵权系列案件应当由同一人民法院统一受理，并且可以集中审理，在做出判决时可以根据需要列为不同的案件进行判决。

【第二百二十七条补充1】【同一侵权系列案件的类型】本法中的同

一侵权系列案件是指下列4类侵权案件：①同一侵权人侵犯不同法定权利的案件；②同一法定权利受到不同侵权人侵犯的案件，包括既侵犯了申请品种保护权又侵犯了该品种的品种权的案件；③侵犯法定权利的案件，与危害结果侵害了受害第三方或者社会公共利益的案件；④同一侵权人侵犯多项法定权利，其中一项或者多项被侵犯的法定权利又受到其他侵权人侵害的案件。

【第二百二十七条补充2】【同一侵权系列案件的移送】对于同一侵权系列案件中的不同案件，不同人民法院已经分别受理的，应当移送到最先受理案件的人民法院一并受理和审理，在后受理的人民法院不享有管辖权；人民法院没有移送的，当事人可以申请移送，或者由此提出管辖权异议；当事人以没有移送为由提出管辖权异议，证据成立的，人民法院应当支持。

第二百二十八条 【在先审理法院的特别管辖权】属于同一侵权系列案件中的案件，3年内曾经被某一人民法院受理并且做出过判决的，该一审人民法院对该同一侵权系列案件中的所有案件都享有特别管辖权，在后的案件都由该人民法院管辖。

【第二百二十八条补充】【特别管辖权的取消】对于同一侵权系列案件中的任一案件，如果在先审理的人民法院做出的一审判决被上级人民法院认定判决错误，进行改判的，该一审人民法院对该同一侵权系列案件不再享有特别管辖权，并且不得再受理该同一侵权系列案件中的任何案件；该同一侵权系列案件的管辖权由上级人民法院另行指定；案件涉及不同行政管理区域的，由这些区域的共同上级人民法院指定。

第二百二十九条 【被追加当事人的限制规定】本法中，在品种权争议案件中被人民法院确认追加的当事人，包括由其他当事人申请追加的当事人和法院直接追加的当事人，不得对该案件提出管辖权异议，也不得对涉案的品种权提出无效异议。

第二百三十条 【恶意提出管辖权异议的处理】案件当事人无正当理由或者合理的证据主张管辖权异议的，或者伪造证据主张管辖权异议的，属于品种权侵权行为；一审人民法院在查明事实的前提下，应当直接裁定终止该管辖权异议程序，该裁定属于生效裁定，异议人不得申请复议或者提起上诉；同时，一审人民法院应当在同一侵权诉讼案件中，基于该侵权行为一并追究该异议者的侵权责任。

第二百三十一条 【法院受理案件后对品种权无效异议的效力】本法中，当人民法院受理品种权争议案件后，对品种权无效异议产生下列3种效力：

（1）【人民法院直接受理和审查品种权的无效异议】自人民法院正式受理品种权争议案件之日起，有关涉案品种权的无效异议申请直接由该人民法院管辖，国家监督管理机关不再受理该品种权的无效异议申请，已经受理还未做出决定的，移送人民法院审理；人民法院对无效异议申请进行受理、审查和认定，认定结果直接产生法律效力；当事人对于认定结果不服的，不能申请复议或者提起上诉，可以在不服一审判决的上诉中作为一项上诉理由。

（2）【政府部门的协助义务】人民法院在审查品种权的效力时，如果认为必要，可以向品种权授权机关、复审机关或者国家监督管理机关发出咨询函，上述机关应当履行配合和协助的义务，提供相关的证据材料和意见。上述机关出具的材料和意见属于专家证人意见，最终由人民法院决定是否采信；人民法院也可以根据需要进行调查，或者同时聘请其他专家证人提供专业性的咨询服务。

（3）【人民法院对授权机关的监督】人民法院在审查品种权的效力时，如果有确凿的证据证明该品种权明显不符合授权条件的，在认定该品种权无效的同时，应当一并追究该品种权授权机关和审查人员的间接侵权责任，并建议授权机关依法对审查人员进行行政处分和处理。

【第二百三十一条补充】【调查费用的承担】在专家咨询或者进行实地调查中，需要支付必要的交通费或者咨询费时，由提出无效异议的一方预先支付；逾期未足额支付的，视为撤回无效异议申请。

第二百三十二条 【品种权无效异议不得反悔的原则】存在下列情形之一的，同一案件的当事人在一审诉讼、二审诉讼、再审诉讼中，都不得再提起品种权无效异议的申请：①在一审规定的期间内，当事人未提出品种权无效异议的申请；②提出异议申请后，又主动撤回，或者被视为撤回的。

第二百三十三条 【品种权争议案件的举证责任分配】本法中，对品种权争议案件的举证责任分配规定如下：

（1）【品种权效力的举证责任分配】①原告应当提供品种权合法存在的证据，包括品种权证书以及缴纳年费的票据；②品种权人作为被告的，也应当提供品种权证书以及缴纳年费的票据；③品种权人之外的合法主体作为原告起诉的，可以提供国家监督管理机关出具的或者在其官方网站上最新公布的有关该品种权的证明材料作为该品种权有效的证据；④被告主张品种权无效的，必须提供明显的足以证明该品种权应当无效的证据，否则，应当认定该品种权有效。

（2）【申请品种保护权效力的举证责任分配】①原告应当提供授权机关出具的正式受理品种权申请的材料；②被告主张申请品种保护权无效的，应当提供明显的足以证明该申请品种、或者申请人的资格、或者已经实施的申请程序不符合品种权授权条件的证据，或者该申请品种已经被驳回的生效法律文书，否则，应当认定该申请品种保护权有效。

（3）【是否实施保护品种的举证责任分配】①原告应当提供被告所实施的动物品种属于原告的保护品种的证据，可以提供由具有鉴定资质的鉴定机构出具的鉴定报告和其他证据材料；②只要原告提供的证据能够证明在被告实施的动物品种中出现了原告品种在授权机关所提供的特异性特征，被告就应当提供确凿和充分的证据说明出现这一情形的正当理由，或者证明实际上并不存在这一情形的证据和理由，否则，应当认定被告实施了原告主张的保护品种；③只要原告提供的证据能够证明，在涉及原告的保护品种时，在动物品种的培育、繁殖、生产加工、运输、储藏、销售等活动中，或者在合同、票据、广告、产品外包装上出现了被告的名称、地址、联系方式、账户等信息，除非被告能够提供证据证明在生效的法律文书中已经认定这些行为属于假冒被告的行为以外，应当认定上述行为属于被告实施的行为

（4）【是否获得合法授权许可的举证责任分配】当被告主张实施原告品种的行为已经获得了原告授权，而被原告否认时，被告应当提供下

列2类证据：①许可使用合同或者授权书的原件；②在国家监督管理机关登记备案的证明材料。不能提供上述2类证据，或者提供的证据不真实的，应当认定未获得原告的授权许可。

（5）【原告损失的举证责任分配】①原告主张赔偿经济损失的，应当提供遭受损失的证据；②原告提交损失评估报告作为证据时，应当同时提交税务机关出具的原告前三年所缴纳全部税款的完税证明；如果有许可使用合同或者转让合同的，原告应当提供合同的原件以及合同对方已经实际支付价款的银行单据、开具的发票和财务票据等证据；③当被告否认原告提交的损失证据时，应当提供自己实施原告的保护品种所实际获得的全部收益的证据，被告不提供证据，或者提供的证据不真实的，可以采信原告的损失证据。

第二百三十四条 【品种权争议案件判决书的既判力】本法中，品种权争议案件的生效判决书产生如下既判力：

（1）【确定品种权的效力】人民法院在生效判决中已经就某一品种权认定为合法有效后，除了该品种权又被在后生效的法律文书认定为品种权无效、提前终止或者品种权被撤销的情形以外，在该品种权的有效保护期内，在后受理有关该品种权争议案件的人民法院，应当直接认定该品种权合法有效，不再审查对该品种权提出的无效异议；对于已经受理的无效异议申请，属于恶意提出申请的，直接裁定属于侵权行为；不属于恶意提出申请的，直接裁定驳回；两类裁定都是生效裁定。

（2）【确定案件的事实】①人民法院在品种权争议案件的生效判决中对于该品种权的某一相关事实做出的认定，在后受理该品种权争议案件的人民法院对于该认定可以直接适用；②保护品种的消费者受到侵害时，可以凭借该品种权侵权案件的生效判决书，以及自己与该保护品种存在关联性的证据，作为受害第三方直接向人民法院提起侵权诉讼，请求侵权人赔偿自己遭受的损失；人民法院对于生效判决书中已经认定的侵权事实，应当直接作为已经查明和认定的事实进行适用，无须受害第三方另行举证。

第二百三十五条 【临时禁令措施】当有证据证明侵权人即将或者正在实施侵权行为时，经过申请人的申请并提供担保，人民法院应当自申请人提交担保后的48小时内做出实施临时禁令的裁定，并且立即进行实施。临时禁令措施应当一直延续到该案件做出生效判决时为止。

【第二百三十五条补充】在禁令实施期间，被禁令人提供担保并请求提前解除禁令措施的，应当获得禁令申请人的书面同意，否则，人民法院不能提前解除禁令。

第二百三十六条 【证据保全措施】当与案件相关的证据即将或者正在灭失，经过申请人申请并提供担保，人民法院应当在申请人提交担保后的48小时内做出证据保全的裁定，并且立即进行实施；申请人应当自实施证据保全之日起的15日内进行起诉，否则保全措施自动解除。

第二百三十七条 【禁令或者证据保全申请人的责任】由于申请人提交的禁令申请或者证据保全申请存在错误，给被申请人造成损失的，申请人应当进行赔偿。

【第二百三十七条补充】对于提交的禁令申请或者证据保全申请，人民法院裁定不予实施的，申请人可以申请复议1次。

第二百三十八条 【侵权诉讼的时效】本法中侵犯品种权的诉讼时效为4年,自合法的诉讼主体知道或者应当知道侵权行为发生之日起计算;从侵权行为实际发生之日起计算,诉讼时效的最长期限不得超过10年。

第二十一章 行政保护和监督管理的相关规定

第一节 国家监督管理机关的监督管理和保护

第二百三十九条 【保护法定权利的职责】国家监督管理机关应当采取下列措施保护和监督管理法定权利：

(1)【建立全国性的举报受理中心】①对于品种权侵权行为，建立全国联网的统一举报受理平台，设立全国统一的举报电话，以及统一的互联网联系平台；②受理举报后，应当对案件进行统一的编号和登记，并且在3日内通知被侵权的权利人，以及侵权行为发生地和危害结果发生地的政府主管部门。

(2)【协助查询侵权人的基本信息】侵权行为发生后，接受被侵权人、被侵权人的利害关系人、受害第三方等合法诉讼主体的请求，通过公安、工商、食品卫生、海关、农业、林业等相关政府部门的协助，查询侵权人的基本信息，并在获得基本信息后的3日内答复申请人。

(3)【督促和帮助法定权利人实施维权】①侵权行为发生后，应当在3个月内督促和提示法定权利人采取维权措施，并对维权状况进行跟踪和登记；②维权活动遇到困难时，应当给予支持、协调和帮助。

(4)【建立全国统一的侵权和维权信息平台】①统计全国范围内发

生的侵权和维权信息，至少每6个月公开发布一次统计报告；②分析和总结侵权案件发生的基本特征、类型、分布区域、行业领域和规律，提出预防侵权和提高维权能力的方式、方法和建议；③对已经被生效法律文书确定的品种权侵权人的基本信息、实施的具体侵权行为、造成的具体危害结果、受到的法律惩罚及承担的法律责任、生效法律文书的名称及编号等事项进行公告。

第二百四十条　【对地方政府主管部门的监督职责】对于品种权侵权案件，侵权行为发生地和危害结果发生地的政府主管部门有责任及时制止侵权行为的发生、延续和危害的扩大，以及帮助法定权利人及受害第三方实施维权活动；国家监督管理机关对于不履行上述职责的地方政府主管部门具有监督权，有权督促地方政府主管部门纠正错误，积极地开展维权工作。

第二百四十一条　【履行保护社会公共利益的职责】当品种权侵权行为或者其侵权结果危害到人类、其他动物、其他社会公共利益时，自知道或者应当知道侵权行为发生之日起3个月内，如果其他合法的诉讼主体还未对该侵权行为提起侵权诉讼，国家监督管理机关应当对该侵权人提起侵权诉讼，要求侵权人停止侵权行为、赔偿损失并承担其他侵权责任。

第二百四十二条　【建立品种权基本信息服务平台】国家监督管理机关应当免费向社会提供有关法定权利的下列信息，并且保障信息的及时性、准确性、真实性、有效性和权威性。

（1）【申请品种保护权的基本信息】①申请品种保护权人的基本信

息；②申请品种的预设名称；③申请日；④申请号；⑤当前所处的审查阶段；⑥审查的结论；⑦合理的区域范围；⑧被许可人的基本信息、授权区域、授权年限；⑨已经发生的投诉、侵权和维权情况。

(2)【品种权的基本信息】①品种权人的基本信息；②品种名称；③申请日；④申请号；⑤授权日期；⑥品种权号；⑦当前的法律状态；⑧合理的区域范围；⑨被许可人的基本信息、授权区域、授权年限；⑩已经发生的投诉、侵权和维权情况。

【第二百四十二条补充1】【应当保持法定权利信息的完整性】①对于在我国正式受理过的品种权申请，无论最终是否被授予品种权，对于受理和审查的程序及其结果都应当保持完整的记录并把基本信息进行公开；②对于已经授权的品种权，无论当前的法律状态如何，对于经历过的每一法律程序及其结果都应当保持完整的记录并把基本信息进行公开。

【第二百四十二条补充2】【提供辅助性信息的服务】国家监督管理机关应当免费向社会提供有关品种权的下列信息：①全国授权品种的总数量，授权品种的动物种类，主要生产经营的地理范围；②按照授权时间的先后顺序排列，在我国获得授权的所有品种权的品种权人、品种名称、授权时间的信息；③全国范围内发生侵权的信息，包括侵犯的主要动物品种、侵权的主要方式和方法、发生的主要行业和区域，5年内的变化趋势；④维权工作面临的主要困难，需要注意的基本对策和方法。

第二节 其他政府部门的保护

第二百四十三条 【相关的政府部门】下列政府部门对法定权利的实施和保护具有辅助性的监督管理及保护职责：①食品安全部门；②卫生防疫部门；③工商管理部门；④畜牧兽医管理部门；⑤兽医疾病预防部门；⑥野生动物保护部门；⑦生物多样性保护部门；⑧环境保护部门；⑨国家遗传资源保护部门；⑩动植物检疫部门；⑪其他相关部门。

第二百四十四条 【最先受理部门的职责】当品种权侵权行为及其危害结果涉及不同政府部门的管理权限时，当地已经设立负责品种权工作的政府主管部门的，由该主管部门统一组织和领导，未设立政府主管部门的，第一个受理此案的当地政府部门应当负责整个案件的组织、协调和行政执法工作，并且负责受理和协助法定权利人、受害第三方的维权请求和维权活动，直至整个侵权案件做出生效法律文书为止。

第二百四十五条 【应当实施行政处罚的行为】发生下列情形之一的，由县级及以上人民政府主管部门给予行政处罚：①以非授权品种假冒授权品种进行生产经营的；②品种权申请已经被驳回或者品种权已经无效，仍然以保护品种的名义进行生产经营的；③生产经营伪劣的保护品种动物个体或直接产品的；④实施品种权侵权行为的；⑤利用保护品种侵害社会公共利益的；⑥利用保护品种侵害第三方的；⑦其他应当给予行政处罚的行为。

第二百四十六条 【侵权行为的认定和处罚】品种权侵权行为发生

后，当地政府主管部门应当进行调查，必要时应当举行听证，认定侵权成立的，做出侵权认定书；应当进行行政处罚的，做出行政处罚决定书；政府主管部门可以应当事人的请求对侵权赔偿进行调解，调解不成立，或者调解以后当事人反悔的，当事人可以向人民法院起诉。

第二百四十七条 【政府部门办理品种权案件的基本要求】本法中是指下列4项内容：

（1）【积极采取保护措施】侵权行为发生地和危害结果发生地的政府主管部门在得知品种权侵权行为发生后，应当立即采取措施制止侵权行为，避免危害的扩大；符合立案条件的，应当依法立案、调查和处理，同时，应当及时通知国家监督管理机关和被侵权人。

（2）【应当全面受理举报和投诉】凡是涉及品种权侵权纠纷的举报或投诉，地方政府主管部门都应当受理并进行登记，符合立案条件的，应当立案并进行处理。

（3）【不同案件应当分别处理】①对于应当给予行政处罚的案件，进行行政处罚；②对于涉嫌构成犯罪的案件，应当移送公安机关或者司法机关处理。

（4）【行政执法与人民法院诉讼的协调】地方政府部门立案后，如果该品种权侵权纠纷又在人民法院正式立案的，地方政府部门可以对案件中涉及侵犯社会公共利益的事项继续进行调查和处理，并依法做出行政处罚；对于涉及品种权侵权纠纷的其他事项，则终止处理，移交人民法院审理。

第八篇 附 则

第二百四十八条 【过渡性安排】自本法生效当年的1月1日起,往前推算6年,从第6年的1月1日起,凡是在中国境内,包括中国的香港、台湾、澳门地区,已经获得了国家或者省级动物品种审定委员会审定的动物品种都可以依据本法申请品种权,不丧失新颖性。

【第二百四十八条补充1】在上述6年期间内未获得审定的动物品种,自本法生效当年的1月1日起往前计算,从第4年的1月1日起,在国内销售繁殖材料还未超过4年的,不丧失新颖性;从未销售过繁殖材料的,具有新颖性。

【第二百四十八条补充2】上述新颖性的有效期限保持到本法生效后2周年。

第二百四十九条 本法中所述某数以上的范围都包含本数在内。

第二百五十条 本法自颁布之日起生效。

后 记

这本立法建议稿,从起草到出版发行,先后修改了140余遍,多数章节和条款都经历过反复的修改、取舍。当然,可以预见的是,随着社会的发展、研究的深入和实践的需要,围绕动物新品种权保护的立法研究和立法工作都会不断地得以进步和完善。

在此,感谢对这本书稿的研究、起草和出版发行给予无私支持和帮助的人们!

侯仰坤

2017年8月2日于北京